Entlang der Weißen Elster
flussab und flussauf

Landschaft • Geschichte • Kultur

Lutz Heydick

Sax Verlag

Umschlag
Titelbild: Weiße Elster und Alte Elsterbrücke in Plauen, 2023

Umschlaginnenseiten
vorn: Die Stadtelster in Leipzig-Plagwitz an den ehemaligen Buntgarnwerken, die als Deutschlands größtes gründerzeitliches Industriedenkmal gelten, 2019
hinten: Die Weiße Elster nach der Elstertalbrücke bei Pöhl, 2023

Bibliografische Information der Deutschen Nationalbibliothek

Die Deutsche Nationalbibliothek verzeichnet diese Publikation in der Deutschen Nationalbibliografie; detaillierte bibliografische Angaben sind im Internet über http://portal.dnb.de abrufbar.

ISBN: 978-3-86729-291-7

1. Auflage 2023

Umschlaggestaltung: Birgit Röhling, Markkleeberg
Printed in Germany
www.sax-verlag.de

Inhalt

Der Lauf der Weißen Elster aus dem böhmischen Elstergebirge durch Vogtland, Thüringisches Schiefergebirge und Leipziger Tieflandsbucht zur Saale

Vorbemerkungen

Im sogenannten Leipziger Gewässerknoten ist die Weiße Elster der wichtigste Fluss, sie nimmt im Stadtgebiet die Pleiße und die Parthe auf und mündet der Saale vor Halle ein. Daher wird sie hier mit Leipzig als Ausgangspunkt flussab und flussauf zur Radwanderung angeboten, über 250 Kilometer, zunächst zur Mündung, danach zur Quelle. Im nordwestböhmischen Elstergebirge unweit der Grenze bei der Stadt Asch (tschech.: Aš) in über 700 Meter Höhe entspringend, durchfließt die Weiße Elster (tschech.: Bílý Halštrow) das sächsische Vogtland (Bad Elster, Adorf, Oelsnitz, Plauen, Pöhl) und wechselt ins Thüringische (Elsterberg, Greiz, Wünschendorf, Gera, Bad Köstritz, Krossen), danach ins Sachsen-Anhaltische (Zeitz), um nochmals ins (West-)Sächsische (Pegau, Groitzsch) zu strömen und die Leipziger Tieflandsbucht zu prägen, schließlich in die Saale-Elster-Aue auszulaufen.

Bis zum Beginn der Elster-Kaltzeit waren noch Saale und Mulde am Leipziger Becken beteiligt, ihre Altläufe flossen im Norden von Leipzig zusammen. Erst die Abriegelung durch die Endmoränen des skandinavischen Eisvorstoßes zwangen Saale und Mulde in die heutige Laufrichtung – und in ihre eiszeitlichen Stromtäler flossen Weiße Elster und Parthe ein. Die saaleeiszeitlich aufgestauten Barrieren des bis an Leipzigs Nordrand vorgestoßenen Inlandeises verlegten dann auch der Weißen Elster ihren Lauf und drängten sie nach Westen ab (Elsterknie). So wurde der erwähnte Leipziger Gewässerknoten ausgebildet, gekennzeichnet durch Aufteilung der Flüsse in mehrere Arme und deren Vernetzung im Mündungsbereich, verursacht durch ihr geringes Gefälle und die Sedimentfracht, das Ganze auch als Binnendelta bezeichnet. Leipzigs Stadtgebiet hat rund 175 Kilometer Fluss- und Bachläufe.

Flussnamen gehören zu den ältesten Namenschichten, sind alteuropäischer Herkunft wie Saale und Elbe oder germanischer Herkunft wie Elster und Luppe. Die Weiße Elster, 981 erstgenannt als *Elstra* (1021 *Alestra*), leitet sich von »strömen, anschwellen« her, wird auch als »Eilende« erklärt. Zur Unterscheidung von der Schwarzen Elster in der Lausitz erhielt sie den Zusatz »weiß«.

Das Leipziger Gewässernetz ist verwirrend, die Hauptläufe von Weißer Elster und Pleiße wie ihre Mühl- und historischen Floßgräben sind kaum auseinanderzuhalten, im nordwestlichen Au-

»Plan derer Gewässer Flüsse so bey Leipzig ab und zu lauffen« von 1748 (Ausschnitt), gezeichnet von Johann Friedrich Dähn

waldgürtel kommen noch Neue und Alte Luppe mit ihren vielen Nebenarmen hinzu. Mit den Flussbegradigungen und Kanalbauten für den Hochwasserschutz und für die Braunkohlentagebaue im letzten Jahrhundert wurden Landschaftsbild und Auwald stark gestört. Wie die überwölbten Wasserläufe im Stadtgebiet wieder ans Licht geholt wurden und noch immer werden, ist auch die Nordwestaue des Auwaldes durch Wiedervernässung als intakte grüne Stadtlunge zurückzugewinnen. Leipzig ist heute im Gewässerverbund mit seinem Neuseenland und dem zu vollendenden Elster-Saale-Kanal unterwegs zu einer Wasserstadt, deren Hauptstrang die Weiße Elster bleibt.

Wo der Fluss ins Stadtgebiet einläuft, etwa in Höhe des Zwenkauer Sees bei Knautnaundorf, sind es noch zwölf Kilometer bis zum namhaften Leipziger Ring bzw. in den Stadtkern und keine fünfzig Kilometer mehr bis zu seiner Mündung in die Saale. Die Weiße Elster belebt Leipzigs Westen, durchströmt den Auwaldgürtel, prägt mit Elsterflutbett und Elsterbecken die weiten anliegenden Parkanlagen. Vom Leipziger Hauptbahnhof, dem Herzschlag des mitteldeutschen Fern- und S-Bahnnetzes, kann es kurzen Weges durch die Innenstadt bzw. über den westlichen Ring ins Grün von Johanna-, König-Albert- und Clara-Zetkin-Park zum Elsterflutbecken gehen. Empfohlen wird hier im Buch: hin zur autofreien **Sachsenbrücke** der Anton-Bruckner-Allee als einem für Radtouren entlang der Weißen Elster idealen Ausgangspunkt, sei es elsterabwärts zur Mündung oder flussauf zur Quelle. Der Elsterradweg führt unmittelbar an der Sachsenbrücke vorbei.

Wohl für beide Touren wird es Interesse der nach Leipzig Anreisenden wie auch hiesiger Radfahrer geben, die über ihre vertraute Stadt-Elster mal wieder hinauswollen. In Anschlag gebracht werden vier bis fünf »Radeltage« für die 250 Kilometer entlang der Weißen Elster[1] – zum Erfahren des Flusses, seiner Landschaft und Nebentäler, anliegenden Siedlungen, Städte und Museen dürften es freilich mehr sein. Zumal hier dank bester Bahnverbindungen alternativ auch individuelle Lösungen für Radtouren und Wanderungen zur Verfügung stehen. So bietet sich die Weiße Elster aufwärts mit Zügen im Stundentakt auf der Strecke Leipzig–Gera und von dort ab Bahnhof Gera-Süd mit der Elstertalbahn über Greiz, Plauen nach Weischlitz und weiter mit der Vogtlandbahn nach Adorf, Bad Elster, Bad Brambach ins tschechische Cheb (Eger) mit Anfahrten und Stopps für ausgewählte Radtouren vielfältigst an. Zudem ist die Elstertalbahn als brückenreichste Bahnstrecke Deutschlands selbst ein Erlebnis.

Denkt man an Reiseberichte und Bilder der Burgenromantiker, Wanderschriftsteller, Maler, Bildungsreisenden, Historiker, Natur- und Heimatfreunde des 19. Jahrhunderts entlang deutscher Flüsse, wie sie auch für Elbe, Saale, Unstrut, Mulde vorliegen, so hat es Altvordere auf Erkundungen entlang der Weißen Elster offenbar nicht gegeben. Jedenfalls fehlen ihr vergleichbare Bücher wie »Der Elbstrom von seinem Ursprunge bis zu seiner Mündung in die Nordsee«, »Die malerischen Ufer der Saale«, »Das malerische und romantische Mulden-Hochland oder Wanderungen durch die Thäler beider Mulden und ihrer Nebengewässer« sowie »Durchs Unstrutthal. Eine Wanderung von Naumburg a. d. Saale bis zum Kyffhäuser« und »Führer durch das Unstrutthal«.[2]

Welche Mühe man für diese Flussbände im 19. Jahrhundert aufwendete, zeigt sich bei K. H. W. Münnich, dem Verfasser des »Elbstroms« und der »Malerischen Ufer der Saale«, der schreibt: »Um diese Darstellung in Schrift und Bildern, durch eigene Anschauung und Erkundigung an Ort und Stelle, sowie durch Aufsuchung der beßten Standpunkte für die Ansichten, so richtig, treu und vollständig als möglich zu liefern, bereiste der Verfasser mit dem Zeichner [und Kupferstecher Julius Fleischmann, * 1813 in Meißen, † 1879 in Dresden] gemeinschaftlich, dreimal, im Oktbr. 1844, im Jul. 1845 und im Septbr. 1846, die Saalufer«[3], um seinem Text »60 Ansichten, nach der Natur gezeichnet« beifügen zu können.

In Anlehnung hieran hat es einen Zeichner aus dem bayrischen Vogtland gegeben, den Maler und Zeichenlehrer Georg Könitzer (1818–85) aus Hof, dem ähnliche Bilder zur Weißen Elster zu danken sind. Seine Veduten wurden in dem bedauerlicherweise nicht zu Ende geführten Band »Die malerischen Ufer der Elster, von der Quelle bis zum Ausgang« von einem Greizer Verleger und Herausgeber in den 1850er Jahren publiziert.[4] Beide Künstler boten »topographisch genau wiedergegebene Landschaften«, wie sie »in dieser Zeit [bürgerlicher Landpartien, vor der aufkommenden Fotografie] als Erinnerungsbild offensichtlich begehrt«[5] wurden, so das Urteil des Kunstpädagogen und Malers Winfried Schmidt. Es ist sein Verdienst als Könitzers Biograf, in dem Band »Die Malerischen Ufer der Elster« (Neudruck Hof 1993) jene erst 1990 im Vogtlandmuseum Plauen wieder aufgefundenen lithografischen Blätter bekanntgemacht zu haben; Mitarbeiter des Museums steuerten sachkundige Texte aus heutigem Kenntnisstand bei.[6]

Auch jüngste Würdigungen, wie sie Elbe, Saale, Unstrut und Mulde als Flussbiografie, als Auen- oder Kulturlandschaft schon erfahren haben, sind der Weißen Elster noch nicht zuteil geworden.[7] Doch die allgemeine Literaturlage ist gut, erinnert seien hier nur stellvertretend für den gesamten Elsterlauf die drei Vogtland-Bände aus der großen verdienstvollen Buchreihe heimatkundlicher Bestandsaufnahme »Werte unserer Heimat«, seit 1994 unter »Landschaften in Deutschland, Werte der deutschen Heimat«.[8]

Flussab zur Saale. An der Weissen Elster in Leipzig

Die sich an Johanna-Park und Clara-Zetkin-Park anschließende **Sachsenbrücke** ist sommers jugendlicher Verweil-, Musizier- wie Feiertreff und ihr Asphalt jüngst mit »Erwärmungsstreifen« zur Kenntlichmachung der Klimaentwicklung versehen worden. Die auf 70 Meter mit Blau- zu Rottönen ausgelegte Zeitleiste reicht von 1850 bis 2035, eine einfache wie eindrucksvolle Visualisierung der Globalen Erwärmung. Ihren Namen erhielt die Brücke in Erinnerung an den späten Seitenwechsel der sächsischen Truppen von Napoleon zu den Verbündeten in der Völkerschlacht bei Leipzig 1813, der Sachsens riesige Gebietsverluste an Preußen im Wiener Friedensschluss 1815 nicht mehr hat verhindern können.

Wie für dieses Radwanderbuch vorgeschlagen, beginnt an Leipzigs Sachsenbrücke der Elsterradweg nordwestlich zur Mündung des Flusses wie auch südwärts zur Quelle. Zur Saale hin werden auf 40 Kilometer Wiesen und Auwald die Strecke begleiten. Zunächst aber sind es die Wasserflächen des Elsterflutbetts und des Elsterbeckens, die das Bild bestimmen. Das **Obere Elsterwehr** sperrt und öffnet zugleich die Szenerie. Es wird auch Palmengartenwehr ge-

Die Sachsenbrücke mit Klimastreifen und Blick zur Klingerbrücke vor dem Oberen Elsterwehr

Das Elsterbecken vor der Zeppelinbrücke der Jahnallee, rechts der ehemalige DHfK-Komplex und die Red Bull Arena, das vormalige Zentralstadion

nannt nach dem hier 1897 anlässlich der Sächsisch-Thüringischen Industrie- und Gewerbeausstellung beidseits des Beckens geschaffenen Vergnügungspark. Das 1913–1917 erbaute, noch immer funktionstüchtige Wehr (technisches Denkmal, 2001 mit Fischtreppe) steuert den Wasserzulauf der von Westen zuströmenden Weißen Elster und des vereinigten Elster-/Pleißeflutbetts in das 1925 fertiggestellte nördliche Elsterbecken. Vorm Wehr werden Elstermühlgraben und Stadthafen in diese Wasserregulierung mit eingebunden. Vorausgegangen sind im Stadtgebiet zwei gewichtige hydrologische Stationen: am Teilungswehr die Regulierung der Wassermenge der Weißen Elster, indem hier zum Hochwasserschutz ein Großteil des Elsterwassers ins Elsterflutbett eingeleitet wird, und am Leipziger Eck, wo Pleiße- und Elsterflutbett zusammenfließen und so vereint die Sachsenbrücke anströmen. Das Pleißeflutbett ist nur ein letztes Stück künstlicher Flusslauf der Pleiße nach dem Connewitzer Wehr.

Linke Seite: Der Radweg am Elsterflutbett und das Obere Elsterwehr, sog. Palmengartenwehr, mit der dem Elsterflutbett zufließenden Weißen Elster (in Bildmitte)

Das seit den 1850er Jahren virulente Projekt des Elsterbeckens galt dem Hochwasserschutz des versumpften Geländes der Frankfurter Wiesen. Gleichzeitig hatte der Bau des von der Weißen Elster an der Plagwitzer Nonnenstraße abzweigenden Karl-Heine-Kanals begonnen. Dem weitsichtigen, den späteren Elster-Saale-Kanal mitprojektierenden Industriepionier Karl Erdmann Heine, dessen Leitspruch »Von der Elster an die Alster« war, gelang so die Erschließung der Leipziger Westvorstadt und westlichen Vororte, indem die ausgehobenen Erdmassen zur Entwässerung des Geländes verwendet wurden. Im NS-Arbeitsbeschaffungsprogramm begann 1933 der Bau des **Elster-Saale-Kanals**, der Leipzigs Anbindung an die Binnenschifffahrt bis nach Hamburg bringen sollte, doch bei Kriegsbeginn stecken blieb; 12 von 20 Kilometern des bis Leuna geplanten Kanals wurden ab Lindenauer Hafen fertiggestellt, warten auf einen neuerlichen Bauschub, am ehesten wohl durch den mitteldeutschen Wassertourismus zwischen dem Leipziger Neuseenland und der Saale-Unstrut-Region. Auch für das großflächige **Elsterbecken**, dessen Wasser nur träge fließt und die Sedimentfracht von Pleiße und Weißer Elster hier absetzt, jährlich etwa 20 000 Tonnen an Schlamm, Sand und Kies, dementsprechend ständig ausgebaggert werden muss, nach Urteil des Ökolöwen (Leipziger Umweltbundes) »Leipzigs größte Schlammgrube«, wird an Renaturierung gedacht, an einen wieder geschwungenen, inselgeteilten Elsterlauf anstelle des Wasserbeckens.[9]

Das Elsterbecken misst gut zweieinhalb Kilometer bis zu seinem nördlichen Abschluss. Rechts erstreckt sich das Gelände der ehemaligen DHfK (Deutsche Hochschule für Körperkultur), die bis zur Schließung 1990 Lehre und Forschung betrieb, insbesondere dem Leistungssport diente. In den 1930er Jahren ist hier als Höhepunkt nationaler »Reichs-Wagner-Pflege« beidseitig des Elsterbeckens bis zur Zeppelinbrücke der unvollendet gebliebene Richard-Wagner-Hain angelegt worden. Danach folgt das 1956 eröffnete Zentralstadion Leipzig, in dessen grünem Wall zur Fußball-Weltmeisterschaft 2006 das neue Stadion entstand.

An der Landauer Brücke geraten zwei Gewässerabzweigungen und drei Wehre in Sicht bzw. Blickweite, die im Verbund die Stauhaltung des Elsterbeckens regeln, mittig das **Luppewehr**, zuvor links das **Nahlewehr**, rechts das **Untere Elsterwehr**. Gebaut bzw. erweitert wurden sie nach dem Elsterhochwasser von 1954. Die **Weiße Elster** entströmt dem Becken nach rechts und nimmt kurz hintereinander den Elstermühlgraben und die aus dem Rosental vom Leipziger Zoo zufließende Parthe auf. Der mittlere Ausfluss aus dem Elsterbecken ist die **Neue Luppe**, auch **Luppe-Kanal** genannt, ein künstlicher Nebenarm der Weißen Elster, der ihr nach Westen hin lange parallel fließt. Der links abgehenden, viel tiefer als der Auwald gelegenen **Nahle** läuft die **Kleine Luppe** ein, dann folgt das Nahle-Auslasswerk/-wehr.

Auf dem Elsterradweg zum Unteren Elsterwehr und Beckenende

Blick vom Elsterradweg am Ostufer des Beckens zum Unteren Elsterwehr

Am Luppewehr ausgangs des Elsterbeckens

In dieses »Dreistromland« führt der Elsterradweg hinein, überschreitet die Weiße Elster und verläuft dann auf dem Damm der **Neuen Luppe**, die zum Hochwasserschutz als künstliches Hochflutbett ab 1935 geschaffen wurde. In ihrem zehn Kilometer langen Kanal findet sich eine Handvoll alter windungsreicher Luppe-Nebenarme gebündelt, wodurch dem nordwestlichen Auwald das Wasser entzogen worden ist. Die durch Weiße Elster und Luppe einst regelmäßig überschwemmte Elster-Luppe-Aue ist zu Lasten des Nördlichen Auwaldes trocken gefallen. Nun geht es im NABU-Projekt »Lebendige Luppe« um die Revitalisierung der Altwasserläufe, so von Burgauenbach und Zschampert, zur Wiedervernässung des größten stadtnahen Auwaldes in Deutschland. Ein 5900 Hektar großes Landschaftsschutzgebiet ist wieder regelmäßig zu fluten. Denn die Neue Luppe als »künstlicher Flusslauf frisst sich mit ihrem ›Sedimenthunger‹ immer tiefer in die Aue und senkt dabei den Grundwasserspiegel um mehrere Meter«.[10]

Die Weiße Elster ist dem Elsterbecken entströmt, hat hier aus dem Rosental schon Elstermühlgraben und Parthe aufgenommen und wendet sich nordwestlich nach Wahren, Stahmeln, Lützschena.

Weiße Elster-Brücke vom Park zum Schloss Lützschena

Auch als einer der größten deutschen Hartholzauenwälder ist dieser Auwald nach dem Ulmen- und jüngst Eschensterben bedroht, in der oberen Baumschicht wird er von der Stiel-Eiche als altem Leitbaum der Aue und von Ahornarten gebildet. »In der Krautschicht des Auwaldes finden sich Pfaffenhütchen, Hasel, Schlehe, Weißdorn, Roter Hartriegel ... Wenn das Licht durch die noch unbelaubten Bäume bis zum Boden vordringen kann, entfalten sich in den Monaten März bis Mai die Frühjahrsblüher reizvoll und farbenprächtig. Märzenbecher, Lungenkraut, Waldgoldstern, Buschwindröschen, Gelbes Windröschen, Hohler Lerchensporn, Scharbockskraut, Einbeere, Moschuskraut ... Bärlauch und Aronstab.[11]

Zur Linken der Neuen Luppe erstreckt sich das NSG Burgaue, ein schon im 14. Jahrhundert erworbener städtischer Besitz. Zur Rechten des Radweges auf dem Luppedeich liegt der Auensee, der um 1910 aus Kiesabbau hervorgegangen ist, ein Vergnügungspark mit umlaufender Parkeisenbahn zwischen Luppe und Elster. Bald nach dem Auensee fließt zur Linken die Nahle der Neuen Luppe ein und rechts folgen Hundewasser und Weiße Elster, die **Schloss** und **Park Lützschena** ihr Gepräge geben. Vom Deich führt ein Weg über das Hundewasser hinein in die weitläufige Parkanlage. Der Herrensitz nach der Elsterbrücke gehört der Perlenschnur kleiner am Terrassenrand des Elsterlaufes von Leipzig bis zur Elstermündung aneinander gereihter Altsiedlungen an, insgesamt 27 Ortschaften auf 20 Kilometer Länge. Eine Handvoll Wassermühlen nutzten hier den Elsterlauf, so die Stahmelner Mühlenwerke (1463 urk.), und einst zehn Ziegeleien die mächtigen Lehmablagerungen in der Aue.[12] – In der ehemaligen Stellmacherei des

Leipzigs Auwaldstation mit Aufgang in die Baumkrone dreier Eichen

Lützschenaer Parkblick auf die Weiße Elster

Lützschenaer Gutes ist die **Auwaldstation Leipzig** untergebracht, Umweltbildungszentrum und Naturschutzstation. Zu bewahren ist ein für die Großstadt lebenswichtiger, länderübergreifender Biotopverbund (40 Kilometer): Der »Leipziger Auwald«.

»Lützschena, in zweistündiger Entfernung von Leipzig an der Landstrasse nach Halle und den Flüssen Elster und Luppe gelegen, gehört zu den ... besuchtesten Ortschaften des Leipziger Bezirks«, heißt es im »Album der Rittergüter und Schlösser des Königreichs Sachsen« von 1854. »Schaaren fröhlicher Spaziergänger wandern durch die herrlichen Eichenwaldungen der Bürgeraue oder die waldbegrenzten Wiesenteppiche der Elsteraue ..., nicht nur wegen des berühmten Lützschenaer Biers, ... auch der Kunstsinnige findet hier reiche Unterhaltung, denn ein besonders dazu errichtetes

Die kanalisierte Luppe und der Elsterradweg in Höhe des Parkeingangs Lützschena

Gebäude sowie ein Saal des Herrenhauses bergen prachtvolle Sammlungen von Gemälden und Kunstschätzen, zu welchen die Güte des Besitzers jedem Gebildeten Zutritt gestattet.«[13]

Maximilian Speck von Sternburg, ein Leipziger Wollhändler, erwarb 1822 das Rittergut Lützschena und baute es zum Mustergut aus, mit Schäferei, Hopfenanbau und Brauerei. Wegen seiner Verdienste um intensivierte Landwirtschaft und Schafzucht verlieh ihm Zar Alexander I. den Titel »Ritter von Speck«, und Bayernkönig Ludwig I. erhob ihn zum »Freiherrn von Sternburg«. Er war ein bedeutender Kunstmäzen und hatte im Bildersaal des Herrenhauses eine der größten Privatsammlungen Europas zusammengetragen. Seine Kunstsinnigkeit atmete auch der Landschaftspark an Elster und Hundewasser mit vielen Bauten und Plastiken. Während Letztere nach 1945 größtenteils zerstört wurden und der parzellierte Park verfiel, kamen die wichtigsten seiner Sammlungsstücke ins Leipziger Museum der bildenden Künste, in dessen 2004 eröffnetem Neubau sie als Speck von Sternburgsche Stiftung ihren bleibenden Platz gefunden haben.[14]

Zur Elstermündung

Bei und hinter Lützschena nähert sich die Weiße Elster der Neuen Luppe und dem Radweg auf dem Deich an, löst sich dann wieder in der Hänicher Mühlenschleife und umfließt im nördlichen Bogen stark mäandrierend das **Naturschutzgebiet Luppeaue**, vorbei an Schkeuditz, das namengebend wurde für Autobahnkreuz und Flughafen. Der lange auf dem Luppedeich laufende Radweg verlässt ihn auf der Gundorfer Linie ins Verschlossene Holz des NSG Luppeaue hinein, von Gräben der Alten Luppe begleitet. Der Radweg bleibt im Auwald, wechselt über die Dölziger Straße (B 186), um danach die Maßlauer Linie zu nehmen. Diese verlässt er vor deren Ende und führt rechts abzweigend zur Weißen Elster, die an der Wehlitzer Brücke überquert wird. Danach unterfährt der Radweg auf dem rechten Flussdeich die A 9, die hier zwischen Wehlitz und Kleinliebenau (Kiesseen) die weite Aue überbrückt, aber auch zerschneidet. Vom Deich ist die Mündung der wasserreicheren Neuen Luppe in die Weiße Elster zu sehen, kurz vor Überfahren der Landesgrenze nach Sachsen-Anhalt.

Der von links strömenden Weißen Elster fließen die Wasser der Neuen Luppe wieder ein.

Schloss Ermlitz, dessen Park bis an den Elsterradweg reicht

Die durch den Kanalbau der Neuen Luppe mehrfach zerteilte (Nördliche) Alte Luppe nimmt südlich der Neuen Luppe etwa mittig zwischen Dölziger Straße und A 9 wieder ihren Lauf auf und fließt fortan als Luppe, heute nur noch in ihrem Unterlauf so bezeichnet, zwischen der Weißen Elster im Norden und dem **Elster-Saale-Kanal** im Süden westwärts der Saale zu. Südlich vorbei an zwei Neuseen, dem Wallendorfer See und dem Raßnitzer See, mündet die stark mäandrierende Luppe im Kollenbeyer Holz bei Schkopau der Saale ein. Es ist der natürliche Lauf der Flüsse in der Elster-Luppe-Aue, wie er noch Ende des 19. Jahrhunderts bestand, vorgegeben durch die mehrere Kilometer breite, nach Nordwesten gerichtete Talaue.

Die ersten zu Sachsen-Anhalt zählenden Orte an der Weißen Elster sind Rübsen und Ermlitz. Einst standen sie, dem hochstiftisch-merseburgischem Amt Schkeuditz bzw. dem Sekundogenitur-Fürstentum Sachsen-Merseburg zugehörig, unter kursächsischer Hoheit, doch mit dem Wiener Frieden 1815 fielen sie an Preußen, dessen neu gegründeter Provinz Sachsen zu. Das barocke **Schloss Ermlitz** mit seinem bis an den Elsterradweg reichenden Park gelangte 1771 in den Besitz das Leipziger Bürgermeisters Heinrich F. I. Apel, daher Apelsches Gut genannt; unter seinen Nachkommen wurde das Rittergut eine Stätte der Musik und Literatur (heute Kultur-Gut Ermlitz). Enkel Guido Theodor Apel, Schriftsteller und Stadthistoriker, hat sich um die Stadt verdient gemacht, als er zum 50. Jahrestag der Völkerschlacht auf eigene Kosten 44 Marksteine (»Apelsteine«) auf den Schlachtfeldern rings um Leipzig setzen ließ.

Der Elsterradweg verbleibt auf dem Nordufer, jenseitig liegen Raßnitzer See und Wallendorfer See, beides Neuseen, die durch den Tagebau Merseburg-Ost entstanden sind, der hier Anfang der 1970er Jahre die Weiße Elster-Luppe-Aue durchschnitten hat.

Die alte Schafbrücke über die Weiße Elster, ein vierbogiger Bruchsteinbau von 1733, einst Grenzzollbrücke unter dem Elsterhang bei Beesen

Geflutet wurde das Zwillingspaar um 2000 durch Elsterwasser, es ist ein Naturrefugium, durch Rad- und Wanderwege erschlossen. Ausgangs Lochau verlässt der Elsterradweg den bis zum Döllnitzer Elsterwehr in den 1960er Jahren kanalisierten Fluss, jenseitig bleiben die Schleifen der Alten Weißen Elster zurück. Ab Döllnitz mäandriert die Elster dann wieder frei auf ihren letzten Kilometern in der Saale-Elster-Luppe-Aue. Der **Saale-Elster-Winkel** ist bis nach Schkopau EU-Vogelschutzgebiet, das zahlreiche Altwasser, Stillgewässer, Auwaldreste und Röhrichtbereiche für Rastvögel und hiesige Brutvögel wie Rot- und Schwarzmilan, Wachtelkönig, Kleines Sumpfhuhn, Blaukehlchen und Eisvogel bietet.[15]

Rechte Seite:
Die Elster (von links) mündet in die Saale ein, rechtshin folgt die Röpziger Saalebrücke, unter der die mit Elsterwasser aufgefüllte Saale in die alte Salzstadt einläuft.

Zur Elstermündung ist es wie zu vielen Flussmündungen, etwa der Schwarzen Elster in die Elbe oder der Vereinigten Mulde in die Elbe, nicht einfach, am Ufer hin zu gelangen. Der Elsterradweg begleitet daher ab Lochau die Hauptstraße, später die Regensburger Straße durch Döllnitz, Osendorf, Radewell bis Ammendorf, wo die Straßenbrücke der B91 über die Elster führt. Danach folgt die alte Schafbrücke unter dem Elsterhang. Der Radweg an der Dimitroff-Straße–Karlsruher Allee führt nach Beesen, eine ehemalige Fischersiedlung, wo es von dem mit Neubaublöcken bestandenen Hohen Ufer hangab fußläufig zur **Elstermündung** geht. Es ist eine eindrucksvolle Wasserbreite, die sich dem Blick bietet. Von links fließt die Weiße Elster aus dem Landschaftsschutzgebiet zu, dahinter das Stille Wasser, auch Gerwische und Steinlache genannt. Den Hintergrund beherrscht das Kraftwerk von Schkopau-Korbetha.

Über 250 Kilometer Flusslauf der Weißen Elster enden hier nach 644 Metern Höhenunterschied zwischen Quelle und Mündung. Wie nahezu alle mitteldeutschen Flüsse zählt sie ins Fließsystem der Elbe. »Die Weiße Elster gilt als der wichtigste Fluss Mitteldeutschlands, mehr als 1,5 Millionen Menschen leben im 5 300 Quadratkilometer großen Einzugsgebiet ... sie ist [zugleich] eines der am stärksten belasteten Fließgewässer in Mitteldeutschland«. Mit dieser Einschätzung wurde die Weiße Elster durch die Naturfreunde Deutschlands und den Deutschen Angelfischerverband zur »**Flusslandschaft des Jahres 2020/23**« gewählt.[16]

Zu übermäßigen Belastungen ihres Fließsystems haben Papier-, Zellstoff- und Textilindustrie im Raum Plauen, Elsterberg, Greiz, Weida, Gera und chemische Fabriken in Elsterberg und Greiz-Dölau sowie der Uranbergbau mit seinen Aufbereitungsanlagen, Halden und Spülteichen im Gebiet Gera-Ronneburg und östlich von Berga/Elster geführt, von wo Betriebsabwässer und Sickerwässer der Weißen Elster Schadstoffe eintrugen. »Der größte [Uran-]Tagebau befand sich bei Ronneburg mit einer ursprünglichen Tiefe von 240 Metern. Als dieser erschöpft war, wurde hier unter Tage bis in eine Tiefe von 500 Metern weiter abgebaut.«[17] Die **Gewässergüteklasse** der Weißen Elster schwankte zwischen II und III (mäßig bis kritisch belastet). Doch Untersuchungen seit Anfang der 1990er Jahre zur Schwermetallbelastung des Flusses und seiner Nebengewässer ergaben, dass schon 1993 »als Folge von Stilllegungen, Produktionsumstellungen und z. T. bereits Sanierungen die Metallkonzentrationen um die Hälfte gesunken waren«, mit sich fortsetzender Tendenz.[18] »Seit 1990 hat sich die Wasserqualität so verbessert, dass Wasseramsel und Eisvogel an Göltzsch und Weißer Elster wieder brüten und auch Nebenbäche zur Nahrungssuche aufsuchen.«[19]

Für die fast ausgestorbenen Bestände der Flussperlmuschel, einem Juwel in der langen Vergangenheit der Weißen Elster, wurde in renaturierten Zuflüssen ihres Oberlaufs Jungmuschel-Nachzucht ausgewildert (2001 Projekt »**Flussperlmuschel Dreiländereck**«, Bayern-Sachsen-Tschechien). Durch die erfolgte Wahl der Weißen Elster zur »Flusslandschaft des Jahres 2020–23« wird länderübergreifend die öffentliche Aufmerksamkeit auf ihren ökologischen Zustand gelenkt, werden in den Natura-2000-Gebieten der Kernhandlungsräume Plauen, Gera, Zeitz Wanderwege ausgewiesen und verstärkte Besatzmaßnahmen und Fischansiedlung im Einzugsgebiet der Weißen Elster vorgenommen. Weichen sind also gestellt, der Radwanderweg lädt zu Touren an einem wieder gesundenden Fluss ein.

Auch flussauf behält die Weiße Elster in der Tieflandsbucht bis nach Gera zunächst ihren Auencharakter, im südlichen Leipziger Auwald ohnehin, dann um Pegau und Groitzsch, wo die Bachläufe von Schnauder und Schwennigke die Landschaft mit prägen. Das Leipziger Tiefland bis nach Zeitz und Altenburg, eine Bucht von 40 Kilometer Länge, war einst »ein einziger großer Kohlepott, das Weißelsterbecken«.[20] Das hiesige Braunkohlenrevier zählt zu den ältesten Mitteldeutschlands. In der heutigen Nachfolgelandschaft bewegen sich Radwanderer zwischen großen Neuseen und noch aktivem Tagebau in weitgehend naturbelassener Elsterlandschaft flussauf. Der dem Fluss folgende Elsterradweg wird bis Gera hin als durchgehend familienfreundlich bezeichnet.

Im Oberen Elstertal aber, ausgangs Wünschendorf nach Greiz, Elsterberg, Pöhl zu, wird der Fluss für den Radweg kaum noch zugängig, zeigt sich meist von bewaldeten Hochufern und Felshängen, teils ungeschützt zum Talgrund. Es ist die »Vogtländische Schweiz«, eine zwischen tief von Felsen eingeschlossenen engen Flusstälern und hügligem Gelände wechselnde Landschaft, anspruchsvoll für Radwanderer und stellenweise nicht ungefährlich.

Erst im mittleren Vogtland um Plauen, über Oelsnitz, Adorf, Bad Elster öffnet sich die Flusslandschaft wieder. Die Burgen der Vögte und Schlösser der Reußen sowie die einzigartigen Brückenbauten, die Adorfer Flussperlmuschlerei, der Instrumentenbau im Musikwinkel um Markneukirchen und die Kurbäder bieten hier nachhaltige Erlebnisse entlang dem Fluss und seiner Nebentäler.

Schließlich geht es hinauf über die deutsch-tschechische Grenze ins Ascher Ländchen, in die waldreiche Quellzone der Weißen Elster. Verglichen mit Aufstiegen ins Thüringer Schiefergebirge oder Westerzgebirge geht es gemächlicher zu, bietet das Vogtland durch seine Einsenkung seit alters einen willkommenen Übergang im Nord–Süd ausgerichteten Verkehr aus der thüringisch-sächsischen Bucht ins Maingebiet, nach Süddeutschland und nach Böhmen.[21] In Zeiten staufischer Kaiserherrschaft und noch zerstreuten Königsgutes sind damals Vogtland und Egerland als »Brücke zwischen der Reichsstadt Nürnberg und dem Pleißenland sowie zu den Pfalzen und Krongütern um den Harz«[22] für ein »großes östliches Reichsland«[23] von strategischem Rang gewesen.

Von der **Sachsenbrücke** hält sich der Elsterradweg auch entgegengesetzt, also zur Quelle hin, zunächst auf dem östlichen Damm des Elsterflutbetts. Vorbei an der Pferderennbahn Scheibenholz wird das schon erwähnte **Leipziger Eck** erreicht, wo das Pleißeflutbett und das Elsterflutbett zusammenlaufen.

Auf der Beipertbrücke wechselt der Radweg sogleich über die Paußnitzbrücke des Schleußiger Weges zum westlichen Damm des Elsterflutbetts. Dem ist unter stattlichen Lindenbäumen mit Blick auf das Flutbett und weite Wiesenzonen zu folgen. Nach einer Wassersportanlage und Bootsausleihe wird das **Teilungswehr** der Weißen Elster erreicht, dem hier zum Hochwasserschutz der Großstadt Weißelsterwasser ins Elsterflutbett entströmt. Die Weiße Elster wendet sich indes nordwestlich durch Leipzig-Schleußig, wo sie Schiffs- und Bootsfahrten zum Palmengartenwehr bzw. zum Karl-Heine-Kanal hin ermöglicht.

Am Leipziger Eck, wo das Pleißeflutbett (von links) dem Elsterflutbett einfließt

Am Teilungswehr, mit Fischtreppe, entströmt Elsterwasser ins Elsterflutbett via Leipzig (oben), während sich der Fluss (unten) in westlichem Bogen nach Leipzig-Schleußig wendet, erst vor dem Palmengartenwehr wieder zufließt.

Ab dem Teilungswehr verläuft der Radweg auf dem Ostufer der Elster in den südlichen Auwald. Jenseitig liegt das Leipziger Ratsholz (mit Wildpark), auch Connewitzer Auwald genannt, der wie der gesamte **Leipziger Auwald** Landschaftsschutzgebiet ist und sich als bewaldete Flussniederung über 40 km bis zur Elstermündung erstreckt, die Hälfte davon auf Leipziger Stadtgebiet. Die Braunkohlentagebaue im Süden der Stadt senkten den Grundwasserstand ab, was wertvolle Biotope gefährdete. Juwel des Auwaldes ist der im Frühjahr weithin weißblühende, alles überduftende Bärlauch. Immer am 16. April, zum »Tag des Leipziger Auwaldes«, kürt die Stadt die Auwaldpflanze bzw. das Auwaldtier des Jahres.[24]

Der Cospudener See mit kleinem Hafen an der Westseite, an der auch der Elsterradweg verläuft

Rechte Seite: Cospudener See vom Aussichtsturm auf der Bistumshöhe gesehen

Nach Bahnunterführung und Brückenstraße führt der Radweg zur Nordwestspitze des **Cospudener Sees**, der als Landschaftspark vor Leipzigs Toren zur Expo 2000 eröffnet wurde. Seinen Namen hat er von dem gefluteten Dorf Cospuden, das wie auch das überbaggerte Gut Lauer in den Lauerschen Wiesen Pflugkscher Herrensitz war, eines im Leipziger Pleißeraum altangesessenen, reich begüterten Adelsgeschlechts. Hervorgegangen ist der Cospudener See aus dem Zwenkauer Braunkohlentagebau (bald nur noch Tagebau Cospuden genannt), dessen Aufschlussarbeiten ab 1981 wegen der hier mächtigen Kohleflöze bedrohlich in die Weißelsteraue vordrangen, dabei wertvolle Flächen des südlichen Leipziger Auwaldes zerstörten. Die 1990er Bürgerinitiative »Stop Cospuden« setzte dem ein Ende, im Oktober 1992 verließ der letzte Kohlezug den Tagbau und der See ging vor den Augen der Großstadt auf, überflutete sukzessive »die Pyramidenwelt am Grunde«.[25] Auf dem Rundwanderweg des »Cossi«, wie Leipziger ihren seit 1995 gefluteten Neusee benennen, geht es am Westufer mit Blick auf den Oststrand und Zöbigker Hafen bis zur Bistumshöhe mit Aussichtsturm. Riesige Wiesenflächen zur westlich fließenden Elster hin künden vom einstigen, seit 2009 gänzlich trockengefallenen

Elsterstausee. Entlang dem Freizeitpark Belantis nähert sich der Radweg wieder der Weißen Elster, erreicht sie unter der Autobahn A 38, zugleich am Auslassbauwerk des Zwenkauer Sees zum Fluss.

Jenseits des Radweges bleiben die sogenannten **Knautdörfer** zurück, ein früher Siedelkomplex auf dem hochwasserfreien Ufer der Weißen Elster, benannt nach einem Ritter Knuth: Knauthain, Knautkleeberg, Knautnaundorf. Sie lagen im Machtbereich des Merseburger Bischofs, später in der Hand der erwähnten Adelsfamilie Pflugk, die hier Rittergüter und Vorwerke in über zwanzig Dörfern besaß. **Knauthain** geht auf eine heute vom Schloss überbaute mittelalterliche Wasserburg zurück. Das namhafte Barockschloss ließ sich die Familie von Dieskau nach Plänen des sächsischen Landbaumeisters David Schatz[26] um 1700 erbauen. Nachfolgende Besitzer wurden die Freiherrn von Hohenthal. Ahnherr Peter Hohmann war 1680 nach Leipzig zugewandert »mit nichts als einem Ränzlein und einem geringen Stabe«, doch bald schon Seidengroßhändler, Bankier und kaiserlicher Waffenlieferant, 1719 als »Panner und Edler von Hohenthal« in den Reichsadel erhoben. Seine Nachfahren förderten den unbemittelten Johann Gottfried Seume auf Leipzigs Nikolaischule und zum Theologiestudium. Der als Plebejer der Aufklärung charakterisierte Dichter hatte seine Kindheit seit 1770 in **Knautkleeberg** verbracht, das dem Patronat der Grafen von Hohenthal unterstand. Der zugängliche Landschaftspark

Am Elstermühlgraben vor Schloss und Park Knauthain

des heute privat genutzten Schlosses liegt umschlossen von Elstermühlgraben und Weißer Elster. **Knautnaundorf** zählt zu den Gründungen des Reichsgrafen Wiprecht von Groitzsch um 1090, die Andreaskapelle mit ihrem massiven Rundturm zu den ältesten Kirchen Sachsens; im Turmunterbau der Kirche stecken Reste einer Rundkapelle in der Art slawischer Rotunden.[27]

Die Weiße Elster ist hier vor Leipzig kanalisiert, seit den 1970er Jahren durch den Braunkohletagebau Zwenkau, vormals Böhlen, in großem westlichem Bogen in ein neu ausgehobenes betoniertes Bett gezwungen worden, volksmundlich »**Betonelster**« genannt; ihr ursprünglicher Lauf ist an der Alten Elster im Eichholz westlich von Zwenkau zu verfolgen. Unmittelbar östlich von Fluss und Radweg erstreckt sich jetzt in der Nachfolge des Tagebaus weithin der **Zwenkauer See**, der größte Neusee im Leipziger Süden, der drittgrößte im Mitteldeutschen Seenland. Als 1999 der Tagebaubetrieb Zwenkau eingestellt und die Flächen bergbaulich saniert und rekultiviert wurden, ist der See durch Grundwasseranstieg und Flutung zu einem Umfang von 22 Kilometern aufgegangen (Radrundweg). »Glückauf und Ahoi«[28] haben sich zu einer Grußformel verbunden, seit es auf dem ab 2015 touristisch genutzten Braunkohlenachfolgesee Schifffahrt gibt und ein Verbindungskanal (Schleuse) zum Cospudener See in Angriff genommen wurde, um Anschluss an den Leipziger Gewässerverbund zu finden.[29]

Am Auslassbauwerk des Zwenkauer Sees in die Weiße Elster unter der Autobahn A 38

Die Betonelster von der Zitzschener Brücke gesehen

Ein für den Hochwasserschutz der Großstadt Leipzig wichtiger Überlaufkanal zwischen Weißer Elster und Zwenkauer See wurde an der Südwestspitze des Sees mit dem Einlaufbauwerk Zitzschen geschaffen, wo Hochwasser der Elster in die »Schutzwanne« des Sees gelenkt werden können. Sein Pendant ist das schon genannte, an der Nordwestspitze des Zwenkauer Sees befindliche Auslassbauwerk zur Elster. Dazwischen erhebt sich das höchste Bauwerk im

Am Nordwestufer des Zwenkauer Sees, mit Blick zum Kap Zwenkau und zum Kraftwerk Lippendorf

Leipziger Stadtgebiet, der 212 Meter hohe Schornstein des Stahl- und Hartgusswerkes Bösdorf. Dieser Ort ist im Nordwestwinkel der Zwenkauer Wasserfläche verschwunden, so wie Cospuden und 140 weitere Orte dem mitteldeutschen Braunkohlenabbau im vorigen Jahrhundert weichen mussten.[30]

Am Südrand des Zwenkauer Sees, an seiner Promenade, noch vor Kap Zwenkau mit dem Hafen und weißen Häuserquartier, lagen bis zum Jahr 1987 Ort und Schloss **Eythra**, eine namhafte Siedlung, zu 979 in einer Schenkung Kaiser Ottos II. an das Bistum Merseburg »Itera« genannt. Erhalten blieben das Eichholz und zum Teil die Lindenallee als einstige Sichtachse zum Schloss, heute zum See, mit dem Trianon, umgeben von einem Lapidarium. In einem kurzen Abstecher von der Südwestecke des Sees ist diese Erinnerung an Eythra erreichbar. Nach Abbruch des über 2500 Einwohner zählenden Ortes und des Werthernschen Schlosses in den Jahren 1993 bis 2003 ist hier am Ufer der Weißen Elster die größte Siedlung der Jungsteinzeit mit Pfostenspuren von über 200 bandkeramischen Häusern freigelegt worden. Sensationell war die Bergung zweier bis fünf Meter tiefer Brunnen mit verzapfter Holzarchtitektur, der mit über 7000 Jahren ältesten Holzbrunnen in Deutschland. Die eiszeitliche bis eisenzeitliche Funddichte zwischen Weißer Elster und Pleiße ist derart, dass hier vom »Sächsischen Zweistromland« gesprochen wird[31] (Funde im Staatlichen Museum für Archäologie Chemnitz, Landesmuseum des Freistaates Sachsen).

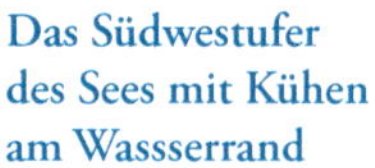

Das Südwestufer des Sees mit Kühen am Wassserrand

Archäologische Sensation bei Eythra, die Freilegung und Bergung eines über 7 000 Jahre alten Holzbrunnens

In der Elsteraue um Pegau und Groitzsch

Am Südwestzipfel des Zwenkauer Sees schwenkt der Elsterradweg vom Seeufer ab und quert die Weiße Elster beim schon genannten Hochwassereinlaufbauwerk auf der Zitzschener Brücke. Hier erreichte die Grenzziehung durch den Wiener Friedensschluss von 1815 für die neue »Preußische Provinz Sachsen« ihren östlichsten Punkt. Der nächste Ort Kleindalzig, an dem der Elsterradweg auf dem Westufer vorbeiführt, ist sächsisch geblieben. Dort kreuzt der Radweg auf der Elsterbrücke Leipzigs Äußeren Grünen Ring, der 134 Kilometer um die Großstadt führt. Und über den hier der Weißen Elster einlaufenden Elstermühlgraben geht es auf das in der Aue gelegene **Wiederau** zu, mit einem Abstecher zum Schloss.

Die Kantate »Angenehmes Wiederau – freue dich in deinen Auen« widmete Thomaskantor Johann Sebastian Bach 1737 bei Antritt der Gutsherrschaft dem Grafen Johann Christian von Hennicke, einem Günstling Heinrich Graf von Brühls am Dresdner Hofe. Er übernahm das für den Leipziger Kaufherrn David Fleischer 1705 in Pfahlgründung errichtete **Schloss Wiederau**, das wohl auf den Leipziger Barockbaumeister Johann Gregor Fuchs zurückgeht. Es ist der einzig erhaltene Bau des sogenannten repräsentativen Dresdner Palasttyps, mit einer doppelläufigen Treppe aus dem Vestibül zu dem über zwei Geschosse reichenden Festsaal mit originalen Stuckdecken und Deckenmalereien der Zeit. Unter Hennickes Herrschaft wurden der französische Park angelegt und Dämme gegen Überschwemmungen der Weißen Elster errichtet.[32] Zwei Jahrhunderte später im Borna-Zwenkauer Braunkohlerevier gelegen (bis 1945 im Besitz der Familie von Holleuffer-Kypke), und 1976 schon zur Devastierung freigeräumt, bedurfte es engagierter Heimatfreunde und Denkmalschützer, um dieses kulturhistorische Kleinod vor dem Verfall zu schützen. Mitte der 1990er Jahre von der Stadt Pegau saniert (Ersatz der Pfahlgründung, Dachneueindeckung, Außenverputz), ist es seit 2010 in privater Hand.

Zu 1080 wurde »Widerhove« in den reichsgeschichtlichen Annalen des Pegauer Benediktinerklosters erwähnt, als König Heinrich IV. im Kampf mit dem Gegenkönig Rudolf von Rheinfelden bei Hohenmölsen, auch als Schlacht an der Weißen Elster bekannt, unterlag, sich hierher zurückzog und mit Hilfe Wiprechts von Groitzsch und Herzogs Wratislaw nach Böhmen flüchtete. Das Grabmal des in der Schlacht tödlich verwundeten Rudolfs von Rheinfelden, nach seinem Stammland auch Rudolf von Schwaben genannt, findet sich im Merseburger Dom; es ist die älteste figürliche Grabplastik Mitteleuropas seit römischer Zeit.

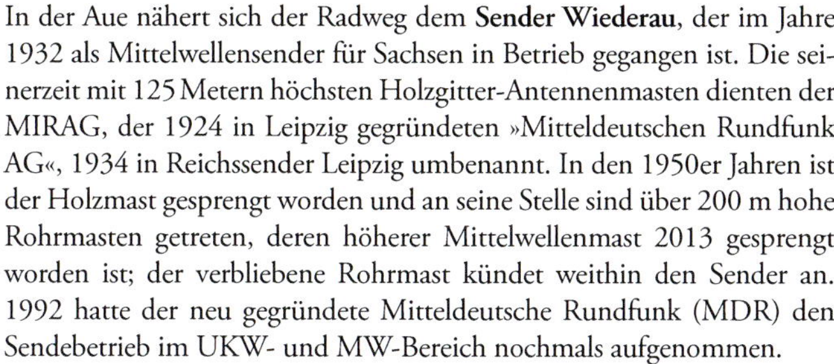

Schloss Wiederau hinter dem Schlossteich

Sender Wiederau vom Weiße Elster-Deich

Gehöftzeile Weideroda am Elsterradweg

In der Aue nähert sich der Radweg dem **Sender Wiederau**, der im Jahre 1932 als Mittelwellensender für Sachsen in Betrieb gegangen ist. Die seinerzeit mit 125 Metern höchsten Holzgitter-Antennenmasten dienten der MIRAG, der 1924 in Leipzig gegründeten »Mitteldeutschen Rundfunk AG«, 1934 in Reichssender Leipzig umbenannt. In den 1950er Jahren ist der Holzmast gesprengt worden und an seine Stelle sind über 200 m hohe Rohrmasten getreten, deren höherer Mittelwellenmast 2013 gesprengt worden ist; der verbliebene Rohrmast kündet weithin den Sender an. 1992 hatte der neu gegründete Mitteldeutsche Rundfunk (MDR) den Sendebetrieb im UKW- und MW-Bereich nochmals aufgenommen.

Der Radweg führt zur Weißen Elster zurück, der jenseitig die Schnauder einfließt, und weiter am Elsterdeich nach Weideroda hinein, zu dem Zauschwitz gehört. Westlich dieses Ortsteils ist auf dem siedlungsfreundlichen Auenrand der Weißen Elster – »mit unermesslich fruchtbaren Böden, bis zu 10 m hohen Lößschichten« – seit 1952 einer der fundreichsten vorgeschichtlichen Plätze Westsachsens ergraben worden, vom Neolithikum an in nahezu allen Zeitstufen fassbar. Wohl bekanntester Gräberfund aus der bandkeramischen Siedlung wurde die »**Venus von Zauschwitz**«, eine Tonstatuette um 5000 v. Chr.[33] Aus Weideroda führt der Elsterradweg zum Profener Elstermühlgraben, der beim Einlauf des Kleinen Floßgrabens überquert wird.

Dieser Kleine oder **Leipziger Floßgraben** (1610 angelegt, einbezogen Weiße Elster, Batzschke, Pleiße bis zum Leipziger Floßplatz) beginnt als Abzweig vom Großen Elsterfloßgraben beim westlich von Pegau gelegenen, 1965 devastierten Stöntzsch (Gedenkstein auf Stöntzscher Höhe/Aussichtspunkt) und diente der Holzversorgung von Leipzig, seit die Pleißeflöße den großstädtischen Anforderungen nicht mehr genügten. Der Leipziger Floßgraben gehörte zu einem ganzen Floßgrabensystem, dessen Bau der sächsische Kurfürst August I. 1577 (!) wegen stetig anwachsenden Brennholzbedarfs der Salinen bei Dürrenberg und Halle veranlasste, um das dringlich benötigte Holz über Weißelsterflöße vom waldreichen Gebirge heranzuführen. »Zwischen der Elster bei Crossen und der Luppe bei Luppenau wurde dafür der künstlich angelegte **[Große] Elsterfloßgraben** über die Hochfläche zwischen Pegau und Lützen und später auch über die Batschke [bei Zwenkau] bis nach Leipzig geführt [zum Floßplatz]. Fast drei Jahrhunderte trieben Holzscheite den Graben herab, ehe 1864 die Flößerei zum Erliegen kam. Die Weißelsterflöße hatten wesentlichen Anteil am wirtschaftlichen Aufstieg Sachsens. Wenn die Wasserführung des Elsterfloßgrabens auch heute [durch ehem. Braunkohletagebaue] an einigen Stellen unterbrochen ist, so zeugt er doch auf weiten Strecken mit seinen Brücken, Flutern, Gewölben, Zuflüssen und Abschlägen von der großartigen technischen Leistung seiner Erbauer und Nutzer.«[34]

Der Weiderodaer Weg verläuft entlang dem Elsterdeich und über den Floßgraben weg nach **Pegau** hinein. Die Stadt verdankt ihre Entwicklung dem hiesigen Elsterübergang des Straßenzuges von Merseburg nach Leisnig und der Klosterstiftung Wiprechts von Groitzsch. Das im Jahr 1096 geweihte, mit Benediktinern besetzte **Jakobskloster** in Pegau wurde die erste bleibende Ordensgründung östlich der Saale, im Sorbenland. Unter Äbten wie Windolf aus Corvey und Siegfried von Rekkin (eigtl. Röcken) gediehen Kloster und Stadt, die Altstadt um die Breitstraße mit Markt- und

Stadtkirche St. Laurentius mit dem Kenotaph Wiprechts von Groitzsch

Kirchplatz sowie die Neustadt zwischen Mühlgraben und Weißer Elster. Kaiser Friedrich I. begabte Pegau 1172 mit Münz-, Markt- und Zollrecht. Die mit der Reichsstadt Altenburg verknüpften staufischen Kaiserpläne, ein geschlossenes Reichsterritorium Pleißenland (*terra plisnensis*) als Machtbasis zu schaffen, umfassten den Raum bis Lausick, Leisnig, Colditz, Zwickau und Chemnitz, scheiterten aber zu Anfang des 14. Jahrhunderts an den aufstrebenden Wettinern. Vom regen geistigen Leben des mit Benediktinern besetzten Jakobsklosters zeugen die 1150 begonnenen **Pegauer Annalen**, eine wichtige Quelle zur frühen Reichsgeschichte.[35]

Das vom Leipziger Ratsmaurermeister Paul Wiedemann errichtete **Renaissancerathaus** mit vorgesetztem Rundturm, ganz ähnlich dem Alten Rathaus in Leipzig, beherrscht den Pegauer Marktraum. Im Rathaus-Dachgeschoss befindet sich das älteste Heimatmuseum Westsachsens (gegr. 1899); angegliedert ist das

Pegaus Renaissancerathaus mit vorgesetztem Rundturm ähnlich dem nur wenig älteren Leipziger Alten Rathaus

Kursächsische Postdistanzsäule von 1723 an der Elsterbrücke (Kopie)

technische Denkmal »Ziegelei Erb« mit frühindustrieller Ziegelherstellung (Audigaster Straße 15). Der Langhausbau der **Stadtkirche St. Laurentius** prägt den Kirchplatz. In einer Kapelle im Turmuntergeschoss der Kirche befindet sich die um 1230 geschaffene sandsteinerne **Grabplatte** des Grafen Wiprecht von Groitzsch[36]. Sie ist kunstgeschichtlich eines der bedeutendsten frühen figürlichen Grabmäler und wohl noch von Abt Siegfried von Röcken zur Ehre des Pegauer Reichsklosters in Auftrag gegeben worden. Der Kirchenraum überrascht mit reicher Ausstattung des 15. bis 17. Jahrhunderts (Schmerzensmutter des Holzschneiders Hans Witten, Altar und Kanzel mit Gemälden des Pegauer Malers Jacob Wendelmuth, figürliche Grabplatten wie die des 1524 hier verstorbenen Tham Pflug und Kalkstein-Epitaphe mit lebensgroßen Standfiguren Pegauer Bürgermeister). 1806 ist in Pegau Ferdinand von Rayski, der Schöpfer meisterhafter Auftragsporträts des sächsischen Adels des 19. Jahrhunderts, als Sohn eines Rittmeisters der hiesigen Garnison geboren worden. Aus Pegau gebürtig ist auch einer der Wegbereiter moderner Landesgeschichte, namentlich der thüringischen Landesforschung, Hans Patze (1919–95).

Nach dem Rathaus geht es sogleich über den Elstermühlgraben hinweg. Zur Weißen Elster hin ist die B 2 zu unterfahren, auf deren Ostufer der um 1900 angelegte König-Albert-Hain folgt. Die alten Flusskehren sind hier und südwärts bis nach Altengroitzsch

Partie am Elstermühlgraben hinter dem Rathaus mit Floßgrabenstein von 1713

Weiße Elster-Brücke im König-Albert-Hain

zum vermeintlichen Hochwasserschutz zu Anfang des 20. Jahrhunderts beseitigt worden; jüngst wurde begonnen, eine dieser abgetrennten Elsterschleifen wieder einzubinden. Der Elsterradweg trifft hier auf die Schwennigke, der in einem kurzen Abstecher bachabwärts zur nahen **Wiprechtsburg** gefolgt werden sollte, die im Nordwestzipfel des Städtchens **Groitzsch** liegt.

Um 1080 hat der schon genannte Wiprecht von Groitzsch die von der Schwennigke umflossene **Burg** auf einem ins Elstertal ragenden Sporn erbaut. Systematische Grabungen in den 1960er Jahren wiesen eine Wallaufschüttung bis zu 30 Meter Basisbreite und eine die Innenfläche umziehende Kastenkonstruktion mit sich anfügenden quadratischen Holzhäusern nach. Vor allem aber wurden erste Steinbauten erschlossen, so ein romanischer Wohnturm und die 1849 entdeckte, in Resten freigelegte **Rundkapelle** als ältestes kirchliches Baudenkmal Sachsens; stilistisch ist sie den slawischen Rotunden Böhmens, Mährens und der Slowakei verwandt[37] (im Burggelände Sammlung von Flur- und Grenzsteinen aus umliegenden abgebaggerten Ortschaften). Der durch Gütertausch von der Havel an die Weiße Elster gekommene Wiprecht v. Groitzsch ist eine der ersten Herrscherpersönlichkeiten, die für die Frühzeit Westsachsens fassbar geworden sind. Zunächst hatte er schweren Stand gegen den hiesigen Grundadel. Indem er sich jedoch in den Dienst Herzog Wratislaws von Böhmen stellte, an König Heinrichs IV. erstem Romzug teilnahm, beim nachmaligen Kaiser Heinrich IV. die Erhebung Wratislaws zum ersten böhmischen König erreichte, dessen Tochter Judith heiratete und so die

Die Wiprechtsburg, Mauern der Rotunde und des Burgturms in der Hauptburg

Wappenstein derer v. Helldorf vom einstigen Rittergut Droßdorf auf der Wallkrone

Gaue Nisan und Bautzen als böhmisches Lehen erhielt, ferner kaiserliche und bischöfliche Schenkungen wie die Burgen Leisnig und Colditz sowie Land im Orlaugau, fasste Wiprecht nicht nur hier Fuß, sondern erlangte größten Einfluss von Thüringen bis zur Oberlausitz. Gemeinsam mit Abt Windolf hatte er fränkische Siedlung zwischen Schnauder und Wyhra bis zur Mulde hin eingeleitet und durch Rodung, Dorf- und Stadtgründungen wie Burgenbau nach Rechtsvorstellungen der Zeit Herrschaftsgewalt in diesem Raum erzeugt. Kurz vor seinem Tode wurde er vom Kaiser 1123 noch zum Markgrafen in der Niederlausitz und Meißen ernannt. Doch mit Wiprechts Sohn Heinrich starb 1135 der letzte männliche Erbe und der Anspruch des Hauses Groitzsch auf die werdende Landesherrschaft erlosch. – Es ist eine hochgelegene, würdige, als Freilichtbühne genutzte Burganlage mit Grenz- und Meilensteinen, Wege- und Hegesäulen, Wegweisern und Kilometersteinen von Straße und Eisenbahn aus den Fluren aufgegebener Dörfer auf der umlaufenden Wallkrone.

Im Osten von Groitzsch läuft noch die Braunkohlenförderung im Weißelsterbecken. Aus dem Tagebau Vereinigtes Schleenhain wird nach 2035 der Pereser See entstehen, das größte Standgewässer im Leipziger Südraum und dann drittgrößte in Mitteldeutschland nach dem Geiseltalsee und Großen Goitzschesee, noch vor dem Zwenkauer See. Weiter südlich auf das thüringische Städtchen Lucka zu liegen der aus einem gefluteten Schleenhainer Tagebaurestloch hervorgegangene touristisch schon erschlossene Großstolpener See und das Restloch Groitzscher Dreieck.

Auf dem Elsterradweg, nach Zeitz, Crossen, Bad Köstritz

Die Schwennigke aufwärts geht es zurück auf den Elsterradweg, der zwischen Bachlauf und Weißer Elster südwärts läuft. Unweit der Trautzschener Elsterbrücke liegt jenseits der Schwennigke das zu 1090 beurkundete Altengroitzsch mit einer überbauten slawischen Abschnittsbefestigung, wohl sorbischem Adelssitz, der Wiprechts Burg Groitzsch zeitlich vorausging. Erst vor Gatzen wendet sich der Radweg von der Schwennigke ab und wieder der Weißen Elster zu, die er nach **Beersdorf** hin überschreitet. Ab dort nutzt er auch das hochwasserfreie Hochufer der Elsterterrasse, wie es schon die alte Reichsstraße (*via imperii)* getan hat und wie sich die »sieben Oberdörfer«, auch **Wasserdörfer** genannt, dort gelagert haben: Eulau, Elstertrebnitz, Tannewitz, Trautzschen, Greitschütz, Costewitz und Oderwitz. Der Radweg läuft in östlichem Bogen an ihnen vorbei. Es sind einst sorbische Siedlungen entlang dem **Elstermühlgraben**, der für die dörfliche Wirtschaft wichtige Mühlen angetrieben hat. Aus der Getreidemühle Oderwitz ging 1915 eine **Eisenmühle** hervor, in der Eisenstäbe über mehrere Wochen hin aneinander zu Eisenpulver zerrieben wurden, bis ins Jahr 1993; das technische Denkmal ist seit 2015 das einzige deutsche Museum seiner Art.

Der ausgeschilderte Elsterradweg ausgangs Pegau und Groitzsch

Weiße Elster-Aue bei Beersdorf

Blick flussab von der Draschwitzer Elsterbrücke, Pferde werden in der Junihitze in den Fluss geführt

Die bei Beersdorf 1815 gezogene preußisch-sächsische Grenze ist heute wieder Ländergrenze zwischen Sachsen und Sachsen-Anhalt, die Gemeinde Elsteraue liegt im Dreiländereck mit Thüringen. **Profen** (spätgotische Kirche mit Zeitzer Stiftswappen im Spitzbogenportal) hat einem der beiden noch tätigen Großtagebaue auf Braunkohle im Süden von Leipzig seinen Namen gegeben, mit Aufschlussbeginn 1941 und Förderende 1990 im Tagebau Nord. Der ab 1971 aufgeschlossene Tagebau Profen-Süd wird seit 1994 von der Mitteldeutschen Braunkohlengesellschaft (MIBRAG, Sitz Zeitz-Theißen) betrieben. An die 20 Orte bzw. Ortsteile sind hier im Zeitz-Weißenfelser Revier abgerissen sowie der Große Elsterfloßgraben und Kleine oder Leipziger Floßgraben bei Stöntzsch zerstört worden.[38] Im Bereich der Stadt Pegau und der Elstertrebnitzer Auedörfer setzte die Eisenbahnlinie Leipzig–Zeitz–Gera dem Kohleabbau die Grenze.

Der Profener Tagebauraum westlich des Elsterhochufers und Radweges liegt in hartem Kontrast zum noch mäandrierenden Fluss in der mit Kopfweiden bestandenen weiten Aue. Vielfach geht es auf dem Radweg über Deiche hinweg, welche die anliegenden Dörfer mit ihrer Fachwerksubstanz bis **Draschwitz** hin schützen. Dort erreicht der Radweg erneut die Weiße Elster, wechselt die Seite und folgt ihr auf dem Ostufer, bis er hinter Mühle Göbitz erneut auf das Westufer wechselt und sich über Zangenberg der frühen Bistumsgründung Zeitz und nachmaligen Residenzstadt nähert.

Zur mächtigen Mühlenanlage Göbitz entstand 1881 ein Herrenhaus in historistischem Stil.

Bornitzer Elsterwehr und Fischaufstiegsanlage

Dort sind am jenseitigen Ufer in Spornlage Schutzwälle ausgemacht worden, die einer der Landschaft *Puonzouua* namengebenden slawischen Stammburg zugewiesen wurden. Nach deren Eroberung gründete hier Bischof Dietrich I. von Naumburg das Benediktinerkloster **Posa** (auch Bosau genannt, urk. 1121), in dem er 1123 von einem slawischen Konversen am Altar ermordet worden sein soll. Das durch Hochstift und Bischöfe reich ausgestattete, hoch gelegene Kloster (über Elstersteg vor Zeitz erreichbar) wurde nach der Reformation landesherrliche Domäne und abgebrochen. Das Areal beherrscht ein um 1539 errichteter oktogonaler Taubenturm, für Kunstausstellungen genutzt.

Taubenturm im ehem. Klostergelände Posa

Schloss Moritzburg in Zeitz, Torhaus mit Stiftsbibliothek und Innenhof der frühbarocken Anlage mit Museum

Zeitz erscheint zu 968 in den Quellen, als Kaiser Otto I. bei einer zur Mitte des 10. Jahrhunderts im genannten slawischen Kleingau erbauten Königsburg *Cici* ein **Bistum** gründete, gleichzeitig zu den Bistümern Merseburg und Meißen. Dessen Sitz über der Elsteraue, wo sich heute Schloss Moritzburg erhebt, wurde schon ein halbes Jahrhundert später nach Naumburg verlegt (1028), ins Herrschaftsterritorium der zu meißnischen Markgrafen aufgestiegenen Ekkehardiner. Die Burg blieb Stiftsbesitz und wurde 1286 Residenz der Naumburger Bischöfe, bis zur Einführung der Reformation mit dem Luther-Freund Nikolaus von Amsdorf als erstem evangelischem Bischof bzw. bis zum Tode des letzten katholischen Bischofs und gelehrten Humanisten Julius Pflug (im Dom lebensgroßes Renaissanceepitaph); dessen wertvolle Bibliothek ging in die Bestände des Stifts ein.[39] Im 13. Jahrhundert ließen sich die Franziskaner in der Oberstadt nieder, in ihrer Klosterkirche (frühgotischer Bau um 1300) predigte Luther Anfang 1542.

Der kursächsischen Stiftsregierung schloss sich nach dem Testament des Kurfürsten Johann Georg II. die Einrichtung einer von drei albertinischen Nebenlinien an, sogenannter Sekundogenituren. Das **Herzogtum Sachsen-Zeitz** (mit den Ämtern Voigtsberg, Plauen, Pausa, später auch Pegau und Weida) fiel 1656 Moritz zu, dem jüngsten der drei albertinischen Brüder, der damit zugleich Administrator des Stifts Naumburg-Zeitz wurde. Ihm folgte 1681 sein noch unmündiger Sohn Moritz Wilhelm. Dessen Glaubenswechsel in den Fußstapfen Augusts des Starken führte 1717 zum Sturz des albertinischen Administrators durch das Naumburger

Zeitzer Hofkirche, urspr. Dom St. Peter und Paul, mit barocker Fürstenloge und Herzogswappen

Domkapitel, zu seiner Verbannung aus dem Stiftsgebiet und seiner Übersiedlung in die Osterburg nach Weida.[40]

Als Residenz der bis 1718 regierenden Herzöge von Sachsen-Zeitz war in Zeitz an der Stelle der 1644 zerstörten bischöflichen Burganlage ab 1657 durch Johann Moritz Richter das frühbarocke **Schloss Moritzburg** (an der Elster genannt) mit Lustgärten, Reitbahn, Tiergarten und Orangerien im höfischen Bezirk entstanden. Den zur Hofkirche umgewandelten **Dom** beherrschen die Altarschauwand und die Fürstenloge mit herzoglichem Wappen, die dreischiffige Hallenkrypta wurde Grablege des Fürstenhauses. Die Kunstpflege der Herzöge von Sachsen-Zeitz kam insbesondere der Musik unter Hofkantor Georg Christian Schemelli und Schlossorganist Johann Ludwig Krebs zugute. Das Schloss beherbergt

Rathaus Zeitz mit markantem Turm, hohen Treppengiebeln und Zwerchhäusern

Im Rathauspark Stadtmauerreste mit Stadtwappen

Zeitzer Mühlgraben mit unterschlächtigem Wasserrad

Stadtarchiv und **Museum** (Deutsches Kinderwagenmuseum, barocke Residenzkultur) sowie die Stiftsbibliothek im Torhaus.

Über den Brückenweg am Bahn- und Busbahnhof Zeitz wechselt der Radweg auf das Südufer der Weißen Elster und umfährt entlang dem Mühlgraben das Stadtzentrum nordwestlich, bis zu dessen Einlauf in die Elster. Der Stadtgang aber sollte sein, zumal Schloss Moritzburg und Dom St. Peter und Paul sowie der Schlosspark in unmittelbarer Nachbarschaft des Radweges liegen. Noch vor Schloss Moritzburg wird der Mühlgraben überschritten. Die 1147 mit »civitas« beurkundete Stadt teilt sich in Unter-

Gedenktafel am Geburtshaus von Anna Magdalena Bach, Messerschmiedestr. 22

Stadtkirche St. Michaelis von Süden mit Gedenkstele für Oskar Brüsewitz

Blick aus der Steinstraße zur Oberstadt mit Rathausturm

und Oberstadt. Die **Stadtkirche St. Michaelis**, 1154 erwähnt und mit ihrem romanischen Kern in der mächtigen Westturmfront ältestes Baudenkmal der Stadt, um 1240 frühgotisch umgebaut, steht zwischen Alt- und Neumarkt und führt zur hochgelegenen Oberstadt. Vor der Kirche steht eine **Gedenkstele** am Ort der Selbstverbrennung des evangelischen Pfarrers Oskar Brüsewitz aus Rippicha bei Zeitz im Sommer 1976, der ein Zeichen gegen die staatliche Unterdrückung der Kirche setzen wollte.

»**Höhler**«, wie sie auch Gera kennt, unterziehen die ganze Altstadt, ein Tunnelsystem von Gewölben und Gängen zur Bierlagerung, das unter den Kellern von rund 300 Häusern, auch unter dem spätgotischen **Alten Rathaus**, mehretagig in den weichen Buntsandstein getrieben worden ist (Unterirdisches Zeitz e.V. am Altmarkt). Der dreigeschossige Rathausbau (1505–09) mit weithin sichtbarem Turm zeichnet sich durch doppelläufige Freitreppe, hohe Treppengiebel und Zwerchhäuser aus.

Nach Bahnanschlüssen, die wie schon die Altstraßen von hier nach Weißenfels, Gera, Altenburg, Leipzig und Camburg führten,

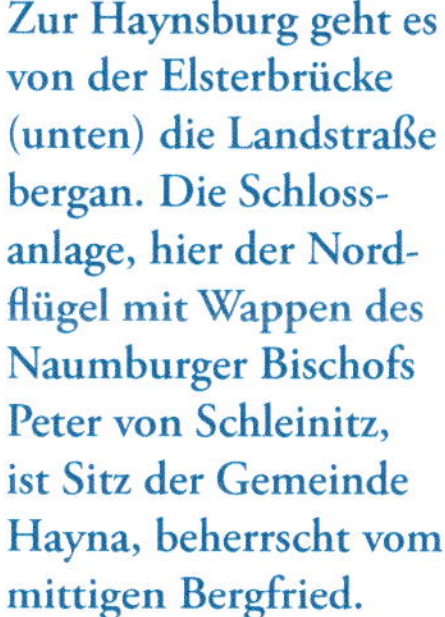

Zur Haynsburg geht es von der Elsterbrücke (unten) die Landstraße bergan. Die Schlossanlage, hier der Nordflügel mit Wappen des Naumburger Bischofs Peter von Schleinitz, ist Sitz der Gemeinde Hayna, beherrscht vom mittigen Bergfried.

wurde im industriellen Aufschwung der Stadt die Kinderwagenfabrik Näther bekannt, DDR-zeitlich als Zekiwa größter Kinderwagenhersteller in Europa. Ein Industriedenkmal mitteldeutscher Braunkohlegeschichte ist die von 1889 bis 1959 tätige **Brikettfabrik Herrmannschacht**, heute die weltweit älteste erhaltene der ersten Generation (Naumburger Straße 99, Museum).

Ausgangs Zeitz wird der Mühlgraben noch mehrfach gequert, bis der Elsterradweg den Ort Großosida durchfährt und beim Auslauf des Mühlgrabens wieder auf den Fluss trifft. Weiter geht es auf dem Südufer der Elster bis zur Neumühle, einer ehemaligen Papierfabrik zwischen Bahnhof und Ort Haynsburg. Die **Haynsburg** mit ihrem mächtigen Bergfried zur Sicherung der Elster-

Crossen an der Elster, Kirche St. Michaelis und die noch unsanierte, in Privatbesitz befindliche barocke Schlossanlage hoch über dem Ort

Furten und hiesigen Höhenstraßen wurde nach Auflösung des Bistums Naumburg-Zeitz 1549 kursächsischer Amtssitz und nach 1815 preußische Staatsdomäne (Heimatstube). Jenseits des Flusses verlaufen der im Profener Raum zerstörte Elsterfloßgraben und die zum Weinanbaugebiet Saale-Unstrut-Region gehörende Weinroute an der Elster von Wetterzeube nach Zeitz / Kloster Posa.

Sautzschen mit Johannismühle und Dietendorf sind die nächsten Orte, bevor die Weiße Elster in großem Bogen dem Sachsenberg ausweicht, indes der Radweg hinter Koßweda kräftig bergan führt. Erst wieder vor **Crossen a. d. Elster** (bis 1991 Krossen/Elster) wird der Fluss erreicht, der Wasser an den Floßgraben bzw. nach dessen Unterbrechung durch den Tagebau Profen an den ökologischen Lebensraum abgibt. Jenseits der Elsterbrücke, aus Crossen über die Floßstraße erreichbar, nimmt der **Elsterfloßgraben** (1578–87 erbaut, urspr. flussab vor Wetterzeube von der Elster abzweigend) seit über vier Jahrhunderten seinen Anfang, einst bis in den Raum Leipzig und Merseburg führend.[41] Vor Crossen ist schon die Grenze nach Thüringen überschritten, nach Osten erstreckt sich weithin der Zeitzer Forst. Die Weiße Elster hat bei Zeitz die Leipziger Tieflandsbucht verlassen und entwässert im Raum Gera–Köstritz den Ostrand des Thüringer Beckens.[42] Vor der Crossener Elsterbrücke liegt am Mühlberg die »Nickelsburg«, eine frühmittelalterliche Anlage mit noch erkennbaren Wällen.

Schlossportal und Burgturm Crossen

Über der hier der Weißen Elster von Westen einfließenden Rauda, bekannt durch das wassermühlenreiche Wandergebiet Mühltal bei Eisenberg, dürfte schon die erste **Burg Crossen** (*castrum Crozna*) gestanden haben, die Kaiser Otto III. 995 dem Bistum Zeitz

Weit hingezogen auf dem Ostufer der Elster: die Stahlgießerei Elstertal in Silbitz

Weiße Elster flussab und flussauf gesehen von der Elsterbrücke nahe der Roten Wand

übereignete. Die zweite Burg auf dem Bergsporn hat 1272 Erwähnung gefunden, von ihr blieb der Bergfried mit Turmaufsatz des 18. Jahrhunderts in der barocken Schlossanlage erhalten, die der Leipziger Kaufmann David Fleischer nach 1700 errichten ließ. Höhepunkt des Ganzen wurde der über zwei Stockwerke reichende Festsaal mit Illusionsmalereien, scheinarchitektonischen Darstellungen an Decken und Wänden, wohl des Italieners Giovanni Francesco Marchini. In der zweihundertjährigen Besitznachfolge der pommerschen Adelsfamilie Flemming erhielt sich die Anlage bis 1925. Namhaftester Vertreter des Geschlechts wurde Graf Jacob Heinrich von Flemming, Generalfeldmarschall und dirigierender Premierminister Augusts des Starken, dessen Kandidatur für die polnische Krone er 1697 durchzusetzen vermochte. 1937 vom Inhaber der Köstritzer Schwarzbierbrauerei Rudolf Zersch aus der Zwangsversteigerung erkauft, wartet das heute wieder in Privatbesitz befindliche Schloss auf Restaurierung. Zersch war es auch, der das nahe **Wasserschloss Hartmannsdorf** vor dem Verfall rettete, ab 1926 ließ er Schloss und Park unter Leitung des Naumburger Architekten Paul Schultze-Naumburg restaurieren.

Crossen verlässt der Radweg entlang der Bahnlinie nach Gera, bis er nach Tauchlitz über die Weiße Elster und auf dem Ostufer nach **Silbitz** führt. Dort ist aus einem 1939 errichteten Rüstungsbetrieb DDR-zeitlich der größte Stahlgussproduzent des Landes hervorgegangen (Stahlgießerei Elstertal), noch heute, nach Privatisierung, der größte Arbeitgeber in der Region. In Silbitz wechselt der Radweg wieder auf das Westufer und bleibt dort über Caaschwitz hinaus zwischen Weißer Elster und abgetrenntem Altarm, unter Bahnstrecke und Straße hinweg, bis ins Städtchen.

Entlang am Mühlgraben und Freibad folgt **Bad Köstritz** mit der **Schwarzbierbrauerei**, 1543 erstmals erwähnt, 1696 von den Grafen des Hauses Reuß übernommen, seit 1806 als Fürstlich-Reußische Bierbrauerei firmierend. Die Heinrich-Schütz-Straße führt zum Geburtshaus des hier 1585 geborenen Komponisten Heinrich Schütz (**Heinrich Schütz-Forschungs- und Gedenkstätte**, Schütz-Akademie, Mitteldeutsche Heinrich-Schütz-Tage), des

Köstritzer Elsterwehr, ein sogenanntes Dachwehr, höhenbewegliches Doppelklappenwehr

Hochgelegene Kirche St. Leonhard und das Heinrich-Schütz-Haus in Giebel- und Traufstellung in Bad Köstritz

Schwarzbierbrauerei in Bad Köstritz, ehemals Fürstlich-Reußische Bierbrauerei

bedeutendsten deutschen Komponisten in frühbarocker Zeit. Er leitete die sächsische Hofkapelle in Dresden bis zu seinem Lebensende 1672 in Weißenfels (Heinrich-Schütz-Haus, Museum), dem Ort seiner Kindheit. Das Köstritzer **Schloss** (Westflügel erhalten) und Palais weisen auf die Herrschaft einer Nebenlinie des Fürstenhauses Reuß (Reuß-Schleiz-Köstritz) von 1690 bis 1918 hin, übrigens »die einzig heute noch blühende«[43].

Von Köstritz, dessen Solbadeanstalt 1864 eröffnet wurde (Kurpark mit klassizistischem Tempel, Bad 1926, Stadt 1927), nimmt die über Gera, Wünschendorf, Mildenfurth, Weida und Greiz bis Bad Lobenstein führende **Reußische Fürstenstraße** im thüringischen Vogtland, das auch Reußenland genannt wird, als Ferienstraße ihren Ausgang.

Ins Land der Vögte, nach Gera, Wünschendorf, Weida

Aus dem Köstritzer Schlosspark mit Wildgehegen und Eisteichen verläuft der Radweg weiter auf dem Westufer der Elster, wechselt erst bei Gera-Langenberg über den Fluss, um nach Unterfahren der A 4 in **Gera** auf der Franzosenbrücke wieder auf das westliche Elsterufer zurückzukehren. Bis zum dortigen Ostufer der Elster zieht sich Gera-Tinz mit seinem ehemals dem Fürstenhaus Reuß gehörenden **Wasserschloss Tinz**. Dort war ab 1920 die Heimvolkshochschule Tinz untergebracht, zunächst als Einrichtung des Volksstaates Reuß, dann des Landes Thüringen. Ihre geistigen Väter waren Sozialdemokraten und linke Reformpädagogen, die sich im Dienste der gesamten Arbeiterbewegung, nicht einer einzelnen Richtung sahen und einer fortschrittlichen Erwachsenenbildung Maßstäbe setzten; der NS-Staat schloss die Schule im März 1933 (heute Duale Hochschule Gera-Eisenach im Schloss).

Vor Gera fließt linksseitig der Erlbach ein und die A 4 führt über Fluss und Elsterradweg.

Auf dem Radweg am westlichen Elsterufer wird **Untermhaus** erreicht, einer von 40 Stadtteilen, ein Villenviertel am weiträumigen Stadtwald, die wohl namhafteste Adresse von Gera. Untermhaus mit der **Elsterbrücke** zur Innenstadt und der Marienkirche liegt unter der einstigen **Fürstresidenz der Reußen jüngerer Linie,** deren Schlossbau auf einem Vorsprung des Hainberges im April 1945 bombenzerstört wurde. Erhalten geblieben ist der romanische **Bergfried** der Vorgänger-Burg Osterstein der Vögte von Gera aus dem Geschlecht derer von Weida; die Geraer Linie ist 1550 ausgestorben. Doch der »Kulturweg der Vögte« führt heute von Gera, einst »Perle des Elsterthales« genannt, über Mildenfurth, Weida, Greiz, Plauen, Oelsnitz und Adorf ins Egerland.

Vom Schlosszugang sowie vom Bergfried stürzt der Blick hinunter auf den Fluss und jenseitig breitet sich über Hofwiesenpark, Küchengarten/**Orangerie** und »**Reußisches Theater**« (Bühnen der Stadt Gera) das Stadtpanorama aus. Benachbart zur spätgotischen **Marienkirche** (mit kostbarem Flügelaltar der Zeit) an der Elsterbrücke steht das denkmalgeschützte **Geburtshaus** des Malers und Grafikers Otto Dix (als **Dix-Kunstmuseum** 1991 eröffnet).

Fußgängerbrücke über die Weiße Elster zur Marienkirche und zu Schloss Osterstein in Gera-Untermhaus

Geburtshaus des Malers Otto Dix neben der Marienkirche in Gera-Untermhaus

Elsterblick flussab von der dortigen Brücke

Der im Dritten Reich verfemte Künstler, Mitbegründer der Neuen Sachlichkeit, zu dessen Hauptwerken »Schützengraben« und großformatige Triptychen wie »Großstadt« und »Der Krieg« zählen, zog sich nach Hemmenhofen am Bodensee zurück (dort Atelier- und Wohnhaus von 1936 bis 1969 und sein Grab).

Der Stadtname wird 999 in *provincia Gera* beurkundet, die um 1200 den Vögten von Weida zufällt, nach Teilung des Vogtshauses einer 1238 beurkundeten Geraer Linie und nach deren Aussterben 1550 dem Fürstenhaus Reuß. Das im Norden des Vogtlandes, des alten Herrschaftsgebietes der Vögte von Weida, Gera und Plauen, gelegene Gera (1121 urk. *Geraha*) wurde 1564 zur Residenzstadt des Fürstentums Reuß jüngere Linie, bis ins Jahr 1918.

Von der einstigen Blüte der Bierbrauerei zeugen die **Höhler** im inneren Stadtgebiet, tiefe Lagerkeller unter dem Nicolaiberg, ein Kellersystem im Felsboden mit katakombenartigen Gängen und durch Treppen zugängliche Bierkeller der brauberechtigten Häuser (etwa 220 Höhler mit 8 km Gesamtlänge[44], als Luftschutzräume genutzt). Wie in Zeitz kümmert sich ein Förderverein um den Erhalt der Höhler und bietet Führungen an. Außer Gerberei

Blick von Schlossruine Osterstein hinunter auf die Weiße Elster und Fußgängerbrücke

war es die starke Tuchmacherzunft, die das Textilgewerbe aufblühen ließ und Gera zur führenden Wirtschaftsstadt in Ostthüringen und zu einer der reichsten deutschen Städte machte, wovon nach alliierten Bombenangriffen noch **Renaissance-Rathaus** mit sechsgeschossigem Treppenturm, Simsonbrunnen und **Stadtapotheke** am Markt sowie die barocke Salvatorkirche, das ehemalige

Küchengarten mit Orangerie jenseits der Elsterbrücke in Gera

»Reußisches Theater«, 1902 als neues Residenztheater erbaut und unterhalten aus Privatmitteln des letzten regierenden Fürsten Reuß j. L., heute Bühne der Stadt Gera zwischen Parks und Stadtzentrum

Zucht- und Waisenhaus (**Stadtmuseum**) und nahe Schreibersche Haus (**Naturkundemuseum** mit Höhler Nr. 188), das Ferbersche Haus (**Museum für Angewandte Kunst**) und die von Henry van de Velde erbaute **Villa Schulenburg** künden. Gera hat 1892 als zweite Stadt in Deutschland (nach Halle) eine elektrische Straßenbahn erhalten. DDR-zeitlich erfuhr Gera durch die Erhebung zur Bezirksstadt 1952 und den Uranerzbergbau der SAG Wismut im benachbarten Ronneburg eine großstädtische Entwicklung (Neubaugebiete Lusan und Bieblach-Ost).

Nach Untermhaus verläuft der Radweg zur Heinrichsbrücke, über die der **Bahnhof Gera-Süd** zu erreichen ist, der Ausgangs-

Zwötzener Elsterwehr am abzweigenden Mühlgraben

Rückblick vom Radweg auf dem Ostufer zur Zwötzener Elsterbrücke

punkt für die bis Weischlitz fahrende **Elstertalbahn**. Der Radweg wechselt erst über die Zwötzener Brücke beim gleichnamigen Bahnhof auf das Ostufer der Weißen Elster, auf dem er über Wünschendorf/Elster, Clodra und Berga/Elster bis Neumühle/Elster verbleibt. Er hält sich auch ausgangs Gera weiterhin flussnah und familienfreundlich, bis hin nach Wünschendorf. Bei **Liebschwitz** steigt zur Linken die »Rote Wand« aus Quarzitgestein auf, es geht am Zoitzberg (285 m, flache jungsteinzeitliche Wallanlage) vorbei zum Südrand der Leipziger Tieflandsbucht, bis wohin sich die slawische Siedlungskammer um Gera erstreckt haben dürfte. Das meint auch die südliche Grenze des elstereiszeitlichen Vorstoßes, jener Kaltzeit vor etwa 400 000 Jahren; hier wird die Pforte zum oberen Elstertal zwischen Wünschendorf und Greiz erreicht.

Vor Wünschendorf liegen zur Linken von Fluss und Radweg die gleichnamigen Dolomitwerke, wo das Karbonatgestein seit 1922 abgebaut wird, außerdem flussab in Caaschwitz, dort jüngst auch im Tiefbau. Die Dolomitwerke erhielten Gleisanschlüsse zur Elstertalbahn wie weiter flussauf auch Hartpappenwerk Lehnamühle, Sand- und Schotterwerke Neumühle, Papierfabrik Greiz, Chemische Werke Greiz-Dölau, Kunstseidenwerk Elsterberg und Zellwolle Plauen. »Industriegeschichtlich waren Flusstäler ideale Standorte für Mühlen, Hammerwerke und Firmen des Textilgewerbes, die das Wasser für Maschinenantrieb oder für Produktionsprozesse benötigten. Orte mit Bahnstationen wie Neumühle, Rentzschmühle oder Barthmühle haben ihren Ursprung in derartigen Anlagen, und Betriebe wie die Zoitzmühle oder die Lehnamühle schlugen ihre Frachten über Privatgleisanschlüsse zur Elstertalbahn um.«[45.]

Überdachte Elsterbrücke in Wünschendorf, vor der Brücke fließt der Elster linksseitig die Weida ein (im Bild von rechts)

Wo in **Wünschendorf** (von Wendendorf/Windischendorf abgeleiteter slaw. Ortsteilname: *slavica villa Mildenvorde*)[46] die noch funktionstüchtige einspurig befahrbare 71 Meter lange **überdachte Holzbrücke** aus dem Jahre 1786 (Vorgänger um 1250) über die Elster führt, erhebt sich der schon frühgeschichtlich besiedelte **Veitsberg**, der als früher Burgsitz für Mildenfurth, Cronschwitz und Weida bedeutsam wurde. Vom »mons sancti Viti« waren die zusammenfließenden Weida und Weiße Elster und sechs Furten als Übergänge der alten Plauenschen Straße zwischen Gera und Plauen zu kontrollieren. Heute thront auf dem frühen Burgplatz

St. Veit auf dem Veitsberg über der Elster, der älteste Kirchenbau des Vogtlandes, mit Kreuzwegstationen an der Außenwand des Chores

mit der über tausendjährigen **Veitskirche** der älteste Kirchenbau des Vogtlandes (Weiheinschrift mit Datum 1170). Als ältester Teil der frühromanischen Kirche gilt die »Ottonische Kapelle« aus der Vorgängerburg. Im Kirchensüdfenster stecken Wurzel-Jesse-Fragmente (Darstellung der Vorfahren Jesu) des späten 12. Jahrhunderts, die zu den ältesten erhaltenen Glasmalereien Deutschlands zählen. St. Veit birgt einen spätgotischen Marienaltar um 1490, das 1513 wohl von Hans Witten geschaffene überlebensgroße Kruzifix und das Steinrelief ihres Schutzheiligen Veit, der im siedenden Pechkessel betend den Märtyrertod erleidet. An der Außenwand des Chors der Veitskirche finden sich mittelalterliche Steinreliefs mit Stationen aus der Passion Christi.

Veitskirche, Blick zum Chor

In der Veitskirche wurde Heinrich der Fromme vom Gleißberg (Veitsberg) mit Familie um 1120 begraben, der erste bekannte kaiserliche Vogt des Vogtlandes. Kaiser Heinrich IV. hatte ihn zu seinem Marschall ernannt und die Vogteien Weida, wohin er nach Zerstörung seiner hiesigen Stammburg wechselte, und Gera übertragen. Er gilt als Urahn des Fürstenhauses Reuß, das die Nachfolge der Vögte von Weida und Plauen antrat und dessen sämtliche Herrscher wie schon die Vögte Heinrich als Leitnamen übernommen haben, daher auch Heinrichinger genannt.[47]

Unweit der überdachten Elsterholzbrücke mündet die **Weida** linksseitig in die Weiße Elster. Der Abstecher zur Weida und auf dem Weidatalweg in die gleichnamige Stadt, wo die Auma der Weida einfließt, sei empfohlen, da auf diesem Wegstück die Anfänge vogtländischer Geschichte geschrieben wurden. Zunächst wird an der Weida **Kloster Mildenfurth** erreicht, ein 1209 genannter Ort, dessen Name sich aus einer Furt durch die Milde (alte Bezeichnung der Weida) erklärt. 1193 hat hier Vogt Heinrich II. (der

Kloster Mildenfurth, ehemals Prämonstratenser-Propstei, heute Renaissanceschloss mit Kunstspeicher und Skulpturengarten an der Südseite (rechtes Bild)

Reiche) von Weida als Hauskloster und Grablege eine Prämonstratenser-Propstei gegründet, die als ältestes Ordenshaus des Vogtlandes gilt. Nach Aufhebung des Stifts wandelte es sich zum Renaissanceschloss, 1617 zum Jagdschloss und sächsischen Kammergut. 1995 von der Stiftung Thüringer Schlösser und Gärten übernommen, befindet sich die heute kulturell genutzte Anlage in Restaurierung.
Der Weidatalweg führt in die Stadt der Vögte von Weida, eines thüringischen Ministerialengeschlechts, das zur Verwaltung hiesiger Lande eingesetzt wurde und in die Reichsministerialität aufstieg. Vom Veitsberg her

Klosterruine Cronschwitz, ehem. Gästehaus des Klosters / Pfarrhaus Wünschendorf

erbauten die Vögte hier zunächst das »feste Haus zu Weida«, wechselten dann auf den Bergsporn gegenüber der Altstadt. Die zweite Veste, spätere **Osterburg** (Renaissanceschloss unter wettinischer Herrschaft, **Burgmuseum**), wurde zu ihrer Stammburg und Residenz in den folgenden Jahrhunderten; erhalten blieb von der romanischen Anlage der über 50 m hohe Bergfried vor 1200. Die das Vogtland beherrschenden Vögte von Weida förderten den Deutschen Orden und leiteten 1209 (urk. *civitas Withaa*) beim Tode Heinrichs des Reichen, der von Eversteiner Grafen mit Plauen belehnt worden ist, Erbteilungen in die Herrschaften Weida, Gera

Schloss Osterburg über dem Städtchen Weida und dem gleichnamigen Fluss

Rechts: Der Bergfried aus romanischer Zeit

Im nördlichen Schlosshof und mittelalterlichen »Wurz-Garten« mit Eiszeitstein

und Greiz ein, die ihre Stellung gegenüber den aufstrebenden Wettinern schwächten; 1531 ist die Weidaer Linie ausgestorben. 1717/18 wurde die Osterburg Landesresidenz für den aus dem Stiftsgebiet Naumburg-Zeitz wegen seines Religionswechsels vertriebenen Herzog Moritz Wilhelm von Sachsen-Zeitz, nun »zu Sachßen-Weida«.[48] Beigesetzt wurde er in der heutigen Stadtkirche St. Marien, deren Vorgängerbau eine Franziskaner-Klosterkirche war. Einer von zehn Eiszeitsteinen im Thüringischen steht im nördlichen Schlosshof, mit Tafel zum Verlauf der Südgrenze der skandinavischen Inlandvereisung im Quartär.

Bevor Wünschendorf verlassen wird, lohnt der Abstecher über Mühlgraben (Obermühle) und Weiße Elster (Wehr) zu **Kloster Cronschwitz** (Ruine), einem 1238 durch Vogt Heinrich IV. (der Mittlere) von Plauen und Gera gestifteten Dominikanerinnenkloster zum Unterhalt seiner Frau und ersten Priorin Jutta. Von ihr hatte er sich bei Eintritt in den Deutschen Orden, dessen Landmeister er für Preußen wurde, scheiden lassen müssen, was sich in feierlicher Form in der Kirche des Hausklosters Mildenfurth vollzog. Zu beiden ehemaligen Klöstern führt der heutige Kulturweg der Vögte, beide hatten beträchtlichen Besitz, Cronschwitz galt als reichstes Kloster im ganzen Vogtland.

Weißelsterwehr in Cronschwitz, Gondelstation und Kanuscheune bieten Flusstouren Wünschendorf – Clodramühle – Berga / Elster

Ins obere Elstertal – Berga, Neumühle, Greiz, Elsterberg, Pöhl

Im Gebiet Weida–Berga–Greiz–Elsterberg verläuft die Weiße Elster im ostthüringischen Schiefergebirge, aus dem sie die Weida mit der Auma und der Triebes aufnimmt.[49] Wünschendorf gilt als Pforte ins obere Elstertal, das auch der **Elsterperlenweg** beidseitig des Flusses von hier nach Greiz über 70 Kilometer hin als Wanderrundweg erschließt (Achtung, Radfahrer! Unter der hier starken Wanderwegs-Ausschilderung kann zuweilen der Hinweis auf den Elsterradweg verloren gehen bzw. übersehen werden). Bis Berga/Elster ist das obere Elstertal eines der schönsten Flussabschnitte, wie auch der weitere Radweg auf dem Hochufer der Elster unter dem felsreichen Waldhang zeigen wird.

Es ist Weida-Bergaer Hügelland, das der Kamnitzbach (in seinem Talgrund Märchenwald en miniature) sowie Fuchsbach und Pöltschbach aus dem früheren Wismutraum Seelingstädt talen. Über der Mündung des Fuchsbaches in die Elster liegt auf dem Eselsberg das Bodendenkmal **Dachshügel** (abgetragene bronzezeitliche Wallanlage mit weitem Innenraum), eine hier solitäre, von der jüngeren Steinzeit bis ins frühe Mittelalter genutzte Fundstelle des Menschen.[50] Der Siedlungsgang elsteraufwärts wird erst im mittelalterlichen Landesausbau greifbar, was auch gehäuft auftretende deutsche Ortsnamen um Berga belegen. Es ist schon die Zeit der hier als Reichsministeriale angesetzten, Besiedlung treibenden Vögte von Weida.

Dem Dachshügel folgen die Felsformationen Weiberstein und Teufelskanzel sowie die Draxdorfer Basteiaussicht. Das alles aber sind Wanderhöhen, der Elsterradweg hält sich an den Fluss, läuft als Talweg nach Berga/Elster, zur Linken den Wald hangauf und Felswände, aufgerissen durch den Doppelsteinbruch »Hüttchenberge« und eine eindrucksvolle geologische Falte des Bergaer Sattels des Thüringer Schiefergebirges. Die Gleise der Elstertalbahn schieben sich zwischen Radweg und Fluss, bis vor Unterhammer (altes Eisenwerk), wo die Weiße Elster zur linksseitigen **Clodramühle** (1533 urk.) überbrückt wird.

Auf dem Radweg geht es weiter über Oberhammer und entlang der großen Elsterschleife nach **Berga/Elster.** Das Städtchen liegt in einer Talweitung an der Bahnstrecke Gera–Plauen, unter

Berga / Elster
Ruine Schloss Dryfels, nur noch Mauerreste

Sheddachhalle einer 1920 erbauten Seidenweberei ausgangs Berga

Rechte Seite, linke Bildspalte: Am Radweg nach Berga / Elster: geologische Falte, Tunnel der Elstertalbahn, Gleise hoch über der Elster

rechte Bildspalte: Fußgängerbrücke von Unterhammer hinüber zur Clodramühle mit unterschlächtigem Wasserrad

einer Burg, dem späteren **Schloss Dryfels** am Osthang des Flusses. Wohl im Vogtländischen Krieg fiel »Bergow« (urk. 1380) von den Weidaer Vögten an die Wettiner, 1595 an die Dresdner Adelsfamilie Watzdorf, in deren Besitz das nach 1760 anstelle der Burg erbaute Schloss fast drei Jahrhunderte verblieb, bis 1870. Letztes Familienglied war Bernhard von Watzdorf, Staatsminister am Hofe Großherzogs Karl Alexander von Sachsen-Weimar. Nach Brand 1994 wurde das Schloss größtenteils bis auf die Grundmauern abgerissen. Obschon mit städtischen Freiheiten begabt, war Berga mit Rat und Bürgermeister abhängig von zwei Rittergütern, die bis 1823 im jährlichen Wechsel Grundherrschaft ausübten; eines davon besaß die in Kursachsen namhafte Adelsfamilie Zehmen. Der Rundbrunnen vor dem Rathaus bietet Thüringens größten Osterschmuck bzw. wird weihnachtszeitlicher Märchenbrunnen.

Kirche und Bauernmuseum Nitschareuth, mit Vierseithöfen am denkmalgeschützten Anger

In die Elsterschleife bei Berga zog Ende 1944 unter dem Decknamen »Schwalbe V« eine unterirdische Kriegsproduktionsanlage ein. Am Westufer entstanden Stollen zur Übernahme der Treibstoffherstellung aus dem schon mehrfach von alliierten Bomberstaffeln angegriffenen Hydrierwerk Zeitz »Hyzet« der Brabag in Trögnitz. Die Organisation Todt beschäftigte hier 1100 Kriegsgefangene und bis zu 1800 Häftlinge aus dem KZ Buchenwald, bis zur Einstellung des Bauvorhabens Mitte April 1945.[51]

Der Radweg läuft an markanten Sägezahndächern einer 1920 erbauten Sheddachhalle der Seidenweberei vorbei nach **Neumühl** an der Elster und schneidet dabei wieder eine ihrer großen Flussschleifen. Aus Neumühl weicht er dem Pöltschbach folgend aus dem engen Elstertal weit auf die Höhe aus, umfährt das hiesige Fauna-Flora-Habitat und biegt erst über Unter-/Ober-Geißendorf und **Waltersdorf** (Museums-/Freizeithof) an den Fluss zurück.

Rüßdorf und die »Rüßdorfer Alpen« mit der Rüßburg, Altes Schloss oder Perfert genannt, eine wohl schon slawenzeitliche Fliehburg auf dem westlichen Hochufer, werden vom Radweg nicht erreicht. Dort beim Rüßdorfer Bahntunnel berührt sich die Weiße Elster nach ihrer langen engen Flussschleife fast wieder selbst. In dem geschützten Naturareal folgt noch die **Lehnamühle** am geteilten Elsterlauf.

Dorthin führt der Radweg nicht, sondern in den von Krebs- und Schlötenbach gebildeten Knottengrund bei **Neumühle / Elster**, wo er erst wieder auf die Elster trifft. 1449 wurde die Neumühle als »*Newmöle*« ersterwähnt, nach späteren Besitzern auch »Schallermühle«, seit 1956 »Sternermühle« genannt. Die betriebsfähige Mühle mit eindrucksvoller Wehranlage war 1960 Ausgangspunkt

Waltersdorf, Scheunenwirtschaft »Zur Dorfchronik« mit Museumsladen und Lehmbackofen

für die Gemeindebildung Neumühle. Ein Dutzend solcher Mühlen (so Steinermühle, Lehnamühle, Krebsmühle, Knottenmühle, Bretmühle) und Flusswehre, hier mit Rastplatz, hat es an der Weißen Elster zwischen Wünschendorf und Elsterberg gegeben.

Aus Neumühle könnte über den Fluss hin ins nahe **Nitschareuth** geradelt werden, dessen denkmalgeschützter Anger mit zwei Dorfteichen von 16 gestaffelt angeordneten Vierseithöfen (Fachwerk auf massiven Erdgeschossen) in Giebelstellung und mit Hoftorbögen umstanden wird. Es ist eine geschlossene Bebauung des 18. Jahrhunderts, wie sie auch das Interieur des **Bauernmuseums** in einem Dreiseithof zeigt.

Große Elsterwehranlage Neumühle

Der Radweg bleibt fortan am hier noch weitgehend naturnahen Lauf der Weißen Elster, bis nach Greiz und Elsterberg. Zu der am Prallhang der Flussschleife liegenden **Bretmühle** (einst Hammerwerk und Sägemühle, heute Gestüt), wo »die Elster den größten ›Dreh‹ durchläuft«[52], kann er den 2005 geschaffenen hölzernen Brückenübergang auf das Westufer der Weißen Elster nutzen. Dort hält sich der Radweg unterhalb des bewaldeten Bergrückens entlang der Elster bis nach Greiz. Jenseitig erstreckt sich das durch die thüringisch-sächsische Landesgrenze geteilte Landschaftsschutzgebiet »Wälder um Greiz und Werdau« mit einer Rodungsinsel, genannt **Waldhaus**. In dem einstigen Jagdsitz Greizer Fürsten hat Fürst Heinrich XXII. Reuß ä. L. sich eine Grabkapelle als Mausoleum um 1880 errichten lassen, heute mit dem Tiergehege ein Greizer Ausflugsziel.

Stadtnah erhebt sich über der Weißen Elster mit bestem Greizblick das **Sophienkreuz** (Weißes Kreuz), 1838 von Fürst Heinrich XX. Reuß ä. L. zum Gedenken seiner früh verstorbenen Frau gestiftet. Zur genannten Landesgrenze kommt im Greizer Raum noch eine Sprachgrenze, mundartlich schneiden sich hier das Thüringisch-Obersächsische, Vogtländische und Westerzgebirgische. Zwischen Berga und Greiz verlaufen zudem zwei Sprachschranken, eine Reußische und eine Vogtländische, wonach bis Berga Thüringisch-Mitteldeutsch, ab Greiz Vogtländisch-Oberdeutsch gesprochen wird, was auch auf die mittelalterliche Besiedlung verweist.[53]

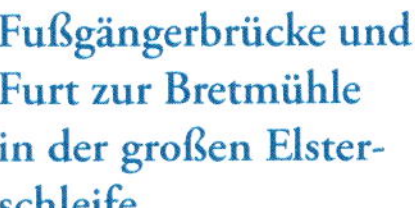

Fußgängerbrücke und Furt zur Bretmühle in der großen Elsterschleife

Die Weiße Elster am Eingang nach Greiz unter dem Oberen Schloss, der Schlossberg wird von der Elstertalbahn durchfahren

Bei Einfahrt nach **Greiz**, in die thüringische Kreisstadt im nördlichen Vogtland, bis 1918 Sitz der Fürsten zu Reuß und einst Zentrum der ostthüringischen Textilindustrie, liegen jenseits der Weißen Elster der weiträumige Fürstlich Greizer Park mit Parksee und **Sommerpalais** (1779–89), das die Staatliche Bücher- und Kupferstichsammlung beherbergt, darunter wertvolle englische Schabkunstblätter, sowie das Greizer Satiricum. Über die Elsterbrücke geht es im Anblick des mächtigen **Oberen Schlosses** auf dem steilen Bergkegel aus Tonschieferfels, den die Elstertalbahn durchfährt – um den fürstlichen Park nicht zu berühren. Die im Kern mittelalterliche, in Rekonstruktion befindliche Mehrflügelanlage aus der Zeit der Vögte von Weida, später von Plauen, findet als Sitz des Weidaer Vogts Heinrich V. 1209 Ersterwähnung (*Graitz* von altsorb.: *grodc* = Burg, befestigte Siedlung). Ein Jahrhundert später wurde Greiz nach Teilung der Plauener Vogtslinie 1306 Sitz der »Vögte von Plauen zu Greiz«.

Die jüngere Plauener Vogtslinie des Heinrich Ruthenus nahm hier ihren Sitz und aus ihr gingen die »Reußen von Greiz und Gera« hervor. Aus deren Teilung im Jahre 1564 entstanden Reuß älterer Linie (Herrschaft Untergreiz), Reuß mittlerer Linie (Herr-

Das klassizistische Untere Schloss der Fürsten Reuß in Greiz mit Garten an der Weißen Elster

Sommerpalais im Fürstlich Greizer Park

schaft Obergreiz, 1616 ausgestorben) und Reuß jüngerer Linie mit der Herrschaft Gera. Ältere Greizer Herrschaftsteilungen wie die von 1449 in die Herrschaften Vorderschloss und Hinterschloss hinzugezogen, erscheint die Geschichte der Reußen in der Folge als Zeit fortwährender Landesteilungen und zumeist am Rande des Staatsbankrotts. Erst 1690, auf dem Höhepunkt der Zersplitterung in zehn reußische Herrschaften beider Linien, ist dem mit

Das allerorts stadtbildbeherrschende Obere Schloss mit Dauerausstellung »Vom Land der Vögte zum Fürstenhaus Reuß älterer Linie«

Greizer Bürgerbauten am Elsterufer

Einführung der Primogenitur im »Reussischen Hause« eine Grenze gesetzt worden. Nach dem Aussterben der Linie Reuß-Untergreiz 1768 fanden sich beide im Haus Reuß älterer Linie vereinigt, mit Greiz als Landeshauptstadt und dem Schloss als Residenz. Bei der Reichsgründung 1871 war das Fürstentum Reuß ä. L. flächenmäßig die kleinste Monarchie, im Deutsch-Französischen Krieg hatte sie auf österreichischer Seite gestanden.

Klassizistische Hauptwache (oben) und Greizer Rathaus im neugotischen Stil

Immer wieder Straßenzeilen mit Schlossblick in der Greizer Innenstadt

Trotzdem wurde die Stimme von Fürst Heinrich XXII., eines erklärten Gegners von Preußen und Bismarck wie auch der sozialdemokratischen Bewegung, bei der Bestimmung über das künftige Reichsgericht entscheidend für den Standort Leipzig, und 1878 war er es, der gleichwohl als Einziger im Bundesrat gegen Bismarcks Sozialistengesetz stimmte.[54] Nach Thronverzicht beider Linien durch Fürst Heinrich XXVII. Reuß jüngere Linie 1918 vereinigten sich der Freistaat Reuß ä. L. mit dem Freistaat Reuß j. L. 1919 zum Volksstaat Reuß mit Gera als Hauptstadt; zusammen mit den anderen sechs thüringischen Freistaaten ging der Volksstaat Reuß 1920 im neugeschaffenen Land Thüringen auf.

Das Schloss mit Renaissancegiebeln an der Ostseite beherrscht das gesamte Stadtbild, stammt nach Brand und erwähnter Teilung in die Geraer Herrschaften Ober- und Untergreiz wesentlich aus der Zeit um 1700. Die mit Graf Heinrich XI. 1778 in den Reichsfürstenstand erhobenen Reußen residierten nach Stadtbrand 1802 im klassizistisch wiederaufgebauten Unteren Schloss an der Weißen Elster. Ins Obere Schloss zogen Regierungsbehörden ein, 1920 das reußische Landesarchiv; heute ist hier die Dauerausstellung »**Vom Land der Vögte zum Fürstenhaus Reuß älterer Linie**« zu sehen. Bei Restaurierungsarbeiten konnte im Oberen Schloss eine Doppelkapelle aus dem späten 12. Jahrhundert erschlossen werden.[55]

Als »Perle des Vogtlandes« wird die Stadt mit ihren Residenz-/Regierungsbauten und prächtigen Bürgerhäusern aus der Textilblütezeit bezeichnet. Die durch reußische Kleinstaaterei und deren Zollschranken im Absatz behinderte Kammgarnspinnerei hatte vermocht sich zu behaupten und dem Vogtland ebenbürtig zu werden. Ende des 19. Jahrhunderts war die Greizer Weberei noch vor Gera zum Hauptstandort dieses Industriezweiges in Ostthüringen geworden.[56] Auf der Brückenstraße führt der Radweg unter der Bahnlinie und Friedensbrücke hinweg zum Burgplatz mit dem **Unteren Schloss** (Museum, Musikschule) an der Weißen Elster, zur klassizistischen Hauptwache (1819) und Stadtkirche St. Marien, ehemals auch Hofkirche der Fürsten Reuß ä. L. Dort wechselt er auf das Westufer bis zur einmündenden **Göltzsch**, dem größten und namhaftesten Zufluss der Weißen Elster.

Ein Ausflug ins **Göltzschtal** zum »Achten Weltwunder«, der weltgrößten Ziegelsteinbrücke und damals höchsten Eisenbahnbrücke (78 m hoch, 574 m lang), kann aus Greiz an der Göltzschmündung entlang der Mylauer Straße starten (ca. 5 km). Das Flüsschen kommt aus offenen Wiesen und Waldschluchten am Göltzschberg zur Weißen Elster. Die **Göltzschtalbrücke** wurde in den Jahren 1846–51 als viergeschossiger Viadukt aus

Ausgangs Greiz mündet die Göltzsch (im Bild von links) in die Weiße Elster ein.

Wenige Kilometer bachauf überspannt die Göltzschtalbrücke der Bahnstrecke Leipzig–Hof zweigleisig das Göltzschtal zwischen Mylau und Netzschkau. Die Brücke ist auch Ausgangs- und Endpunkt des »Vogtland-Panorama-Wegs«, eines 228 km langen Rundwanderweges im Vogtlandkreis.

98 Bögen erbaut, nach Plänen des sächsischen Ingenieurs und gebürtigen Vogtländers Johann Andreas Schubert. Sie ist zum Wahrzeichen des Vogtlandes geworden. In Spornlage über der Göltzsch folgt mit **Burg Mylau** (um 1180), dem späteren Kaiserschloss Karls IV., eine der besterhaltenen sächsischen Burgen. Dort fließt der Göltzsch der Raumbach aus dem nahen **Reichenbach** ein, Geburtsstadt der »Neuberin« (Theater-Reformatorin Friederike Caroline Neuber, *1697, Neuberin-Museum), auch des Verfassers der mehrbändigen »Kursächsischen Streifzüge« Otto Eduard Schmidt (*1855), des Direktors des Berliner Tierparks Heinrich Dathe (*1910), des Malers, Grafikers, Bildhauers Wolfgang Mattheuer (*1927) und des DDR-Bürgerrechtlers, Schriftstellers Jürgen Fuchs (*1950).

Elsterbrücke Rothenthal

An der Schaltis-Halbinsel und Talsperre Greiz-Dölau

Der weitere Elsterradweg unter den Felspartien der Rothenthaler Alpen schneidet den Elsterbogen vor der Goldenen Aue und überbrückt den Fluss beim Wehr und Wasserkraftwerk (bis 1911 Noßwitzer Mühle) zur Talsperre **Speicher Greiz-Dölau**, 1950 in einem alten Seitenarm der Elster angelegt, gespeist aus dem Obergraben der ehemaligen Mühle. Nach abermaligem Flussübergang verläuft er auf dem Ostufer, immer unweit der parallel gezogenen Landesgrenze zu Sachsen. Auf dem Ostufer der Elster liegt die Felsenburgruine Dölau, die nach Teilung der älteren Linie Reuß-Untergreiz im 17. Jahrhundert Residenz der Linie Greiz-Dölau war. Aus dieser Teilung ging auch die Residenz der Linie Reuß-Rothenthal hervor. Auf engstem Raum zwei der schon genannten reußischen Kleinstherrschaften beider Linien zum Ende des Jahrhunderts, die oft nicht die Größe eines Amtes besaßen!

Die Landesgrenze wird bei **Noßwitz** auf der dortigen Elsterbrücke überfahren, einer noch bis in unser Jahrhundert erhaltenen überdachten Holzbrücke, jetzt durch eine einfache Betonbrücke ersetzt. Dann wird **Elsterberg** erreicht, das nach einer thüringischen Zugehörigkeitsepisode in der DDR-Zeit seit 1992 wieder sächsisch ist. Der Radweg führt über die Elsterbrücke, von der aus das Wahrzeichen des in einem Elsterbogen liegenden Städtchens zu sehen ist, die im Kern spätromanische **Burg Elsterberg** auf dem Schlossberg, der sich aus der Talweitung heraushebt. Durch Wallgraben und doppelten Mauerring geschützt, mit fünf Türmen bewehrt, gilt sie als größte Burgruine Sachsens. Sie geht auf die Herren von Lobdeburg zurück, die hier kolonisierten, Franken und Thüringer

Blick von der Weiße Elster-Brücke zur Burgruine Elsterberg, der größten Sachsens

herzogen und 1394 in der Elsterberger Linie ausstarben. Die Anlage gehörte 1354 zu den im Vogtländischen Krieg (bis 1358) zerstörten etwa 60 Burgen; Vorwürfe eines im Vogtland ungezügelten Raubritterunwesens waren großen begehrlichen Nachbarn, dem böhmischen König und Kaiser Karl IV. und den Wettinern, Anlass, die Vogtsherrschaft aller vier Linien für immer zu brechen. Ein Jahrhundert später wurde im Vertrag von Eger (staufische Kaiserpfalz des 12. Jh., romanische Doppelkapelle erhalten), einer freien Reichsstadt im Heiligen Römischen Reich, 1459 die Grenze zwischen dem Königreich Böhmen und dem Kurfüstentum Sachsen auf dem Erzgebirgskamm fixiert, eine noch heute gültige Grenzziehung, die zu den ältesten noch bestehenden Grenzen in Europa gehört. Die Reußen haben sich 1459 unter böhmische Oberhoheit begeben und so nochmals das gesamte Vogtland bis 1569 beherrschen können, bevor es größtenteils an Kursachsen fiel und als dessen »Vogtländischer Kreis« verwaltet wurde.

Die nach ihrer Schleifung erneuerte, seit 1750 verfallende weite Burganlage über der Stadt hatte einen Vorgänger auf dem Weßnitzfelsen, das »Alte Haus« Elsterberg, wohl zur Sicherung der Saale-Elsterlinie in diesem slawischen Gebiet. Unter den Herren von Bünau (1429–1635) wurde Elsterberg ein Vasallenstädtchen, wo früh die Reformation Einzug hielt. Der hiesige Pfarrer und Archidiakonus Heinrich von Bünau versuchte Thomas Müntzer als Prediger hierher zu ziehen, der sich aber 1520 für Zwickau entschied.[57] Aus dem vom Turm der Laurentiuskirche weit überragten Weberstädtchen gingen um 1900 die Spinnfaserproduktion und das führende Elsterberger Kunstseidenwerk hervor (bis 2009).

Burg Elsterberg, im Kern spätromanisch
Unten links: Aufgang zur hinteren Burg,
rechts: Ausblick entlang der Burganlage

Nach Plauen, in die Hauptstadt des Vogtlandes

Aus Elsterberg und ab Bahnstation Kunstseidenwerk bleibt der Radweg auf dem Westufer, zunächst entlang der Bahnlinie nach **Gippe**, einer Häusergruppe. Dort, an der Gippeschänke, beginnt für Wanderer das enge Elstertal der »**Vogtländischen Schweiz**« mit seinen Diabastuffen, man spricht von der Diabasbarriere des **Steinicht** (NSG)[58]. Radfahrer, die hier mal absatteln können, sei diese Wanderung zur Rentzschmühle empfohlen. Die zerklüfteten Felspartien und turmhohen Felswände an der Weißen Elster sind beliebtes vogtländisches Klettergebiet. Der Wanderpfad führt zur Rentzschmühle und Burgruine Liebau, bis hin nach Pöhl, jenem 1994er Zusammenschluss von umliegenden Dörfern unter dem Namen des für den Talsperrenbau Pöhl aufgegebenen gleichnamigen Ortes. »Glücklicherweise«, heißt es 1932, »führe keine breite Straße durch das Steinicht ... und auch die 1875 vollendete Eisenbahnstrecke Gera – Plauen – Weischlitz habe zwar manche Kunstbauten und Eingriffe in die Natur notwendig gemacht, sei aber jetzt nach reichlich 50 Jahren zu einem Teile der Landschaft geworden. Denn das angebrochene Gestein ist am Verwittern, Pflanzenwuchs hilft die Wunde mildern, Gras umkleidet die Dämme, Birken umstehen den Tunnel ...«[59] Auch heute »entsteht noch der Eindruck von Ursprünglichkeit und aktiven Naturprozessen in dem von Felsbrocken übersäten, tief eingeschnittenen und von Fels und Wald begrenzten Kerbsohlental der Weißen Elster, das unbedingt in seiner Form erhalten bleiben muß«.[60] Am Ausgang des Steinichts liegt dann auf thüringisch-sächsischer Grenze die Bahnhaltestelle **Rentzschmühle**, benannt nach der 1441 beurkundeten Mühle, lange eine Mahl-, Schneide-, Walk- und Ölmühle, später Pappenfabrik.

Der Radweg führt aus Gippe kräftig bergauf auf eine flachwellige Hochfläche, wie sie das nördliche Vogtland prägt, soweit diese nicht »durch die mäßig oder stark eingetieften Kerbsohlen und Sohlentäler, insbesondere der Weißen Elster, der unteren Göltzsch und der unteren Weida, unterbrochen [wird]. Die Täler haben meist eine Tiefe von 80 bis 150 Meter, sind steilhängig und daher überwiegend bewaldet«.[61] Etwa 15 Kilometer geht es auf der Hochfläche in einem westlichen Straßenbogen über Görschnitz,

Die Weiße Elster, ein schmaler Wanderpfad und die Elstertalbahn teilen sich in das enge Felstal des Steinicht im Klettergebiet der »Vogtländischen Schweiz«.

Cossengrün, Steinsdorf und Röttis zur Weißen Elster zurück. Von den letztgenannten Orten ergibt sich die Möglichkeit, zur Rentzschmühle oder Barthmühle abzuzweigen und über Jocketa zur Talsperre Pöhl und zur (derzeit in kompletter Rekonstruktion befindlichen) **Elstertalbrücke** der Bahnstrecke Leipzig–Hof zu gelangen, die von der Elstertalbahn unterfahren wird. Sie ist nach der Göltzschtalbrücke die zweitgrößte Ziegelsteinbrücke der Welt, wurde im April 1945 durch die deutsche Wehrmacht gesprengt und bis 1950 wieder aufgebaut. Grundsteinlegung der zweietagigen, 68 Meter hohen, 279 Meter langen Brücke war 1846, verbaut wurden bis zu ihrer Fertigstellung 1851 zwölf Millionen Ziegelsteine. Vor der Brücke läuft die Trieb der Weißen Elster ein.

Die Weiße Elster unter der Elstertal-Ziegelsteinbrücke, oben verläuft die Bahnstrecke Leipzig – Hof, auf dem rechten Flussufer die der Elstertalbahn.

Noch vor der Brücke mündet die Trieb (links im Bild) in die Elster.

Kirche Steinsdorf und Schloss Jößnitz (Hotel)

Doch weiter auf dem Elsterradweg mit schönen Fernblicken hinunter ins Elstertal. In **Steinsdorf** birgt die im Kern romanische Kirche einen spätgotischen Flügelaltar des Zwickauer Bildhauers und Bildschnitzers Peter Breuer von 1497. Bei dem nahen **Oberjößnitz** (Dorfkirche mit Gemälde aus der Cranach-Werkstatt und **Schloss Jößnitz**) liegen sogenannte **Pöhle**, was zumeist bewaldete Kuppen vulkanischen Ursprungs meint, ausgewiesen als Flächennaturdenkmale, so Totenpöhl, Hornhübel und Poppenpöhl, an dem bis in die 1950er Jahre Diabas abgebaut wurde, wegen seiner Färbung auch Grünstein genannt. Im Bereich des Jößnitzer Sattels verleihen zahlreiche Diabaskuppen der Landschaft das charakteristische Bild des Mittelvogtländischen Kuppenlandes.[62] Nach der Bahnunterführung bei **Röttis** verläuft der Radweg am Naturschutzgebiet Elsterhang entlang.

Jenseits des Flusses erstreckt sich das **NSG Triebtal**, eines der schönsten vogtländischen Täler, von der Mündung bei der Barthmühle an der Weißen Elster bachaufwärts zur **Talsperre Pöhl**. Mit der von Schöneck / Vogtl., einer Wasserscheide, zufließenden Trieb, dem nach der Göltzsch stärksten Elsterzufluss im Vogtland, wurde die Talsperre gespeist. Sie konnte 1964 als eine der größten in Sachsen in Betrieb genommen werden und verheerenden Elsterhochwassern wie 1954 in Greiz wehren. Auf ihrem Grunde

liegt Pöhl als Ruinenort. Auf dem Eisenberg (433 m) am Westrand der Talsperre bietet sich von der Plattform des **Mosenturms** Aussicht über die Wasserfläche, auch »Vogtlandmeer« genannt (mit Schifffahrt). Der Turm wurde nach dem im vogtländischen Marieney geborenen Dichter Julius Mosen benannt, den sein Andreas-Hofer-Lied (Zu Mantua in Banden), heute die Tiroler Landeshymne, bekannt gemacht hat.

Blick von der Schiffsanlegestelle zur Staumauer der Talsperre Pöhl und von der Staumauer hinunter ins Triebtal

Am Radweg folgen Pfaffenmühle und **Pfaffengut** mit dem **Vogtländischen Umwelt- und Naturschutzzentrum**, laut der Infotafel »das einzige Einzelgut im mittleren Vogtland, das sich schon 1244 als Rodung urkundlich nachweisen lässt«, vom Deutschen Orden in Besitz genommen. Von hier führt der Radweg zur Weißen Elster hinunter, zum Lochbauergut und zur 2014 erneuerten **Lochbauerbrücke**, einer überdachten Holzbrücke. Der Übergang nach Plauen-Möschwitz zur Talsperre Pöhl ist möglich, doch der Radweg bleibt auf dem Westufer. Am Fuße des Plauener Stadtwaldes geht es auf dem Elsteruferweg bis zur Friesenbrücke und nach Uferwechsel und Unterfahren der B 173 auf dem Friesenweg durch **Chrieschwitz** und auf dem Alten Postweg entlang der Elstertalbahn und jenseitigen Weißen Elster. Beide werden von der sogenannten **Streichhölzerbrücke** überspannt, einer Fußgänger- und Radfahrerbrücke, die den Zugang zur Plauener Altstadt

Blicke in den Lochbauernhof und zur gleichnamigen Brücke über die Weiße Elster

Plauens Bürger-Denkmal zur Friedlichen Revolution am 7. Oktober 1989

bringt. Dort wechselt der Radweg über Bahngleise und den Fluss, um gleich wieder auf der sechsbogigen **Alten Elsterbrücke** über Mühlgraben und Weiße Elster, die hier die Syra aufnimmt, zurück auf das Elstersüdufer zu führen, wo die Nachbildung einer kursächsischen Postmeilensäule von 1776 steht. Als *pons lapideus* (steinerne Brücke) für das Jahr 1244 an einem Straßenkreuz des Fernhandels bezeugt, ist sie nach Meißens Burgbrücke die älteste erhaltene Steinbogenbrücke Sachsens.

Über das tief eingeschnittene Syratal im Stadtgebiet spannt sich seit 1905 das gleichnamige Viadukt, die heutige **Friedensbrücke**, mit einem der größten steinernen Brückenbögen weltweit (90 m lichte Weite in 18 m Höhe). Bachaufwärts folgt die **Syratalbrücke** für die Bahnstrecke Plauen – Cheb (Ende 1874 eröffnet) bzw. seit 1997 durch die Vogtlandbahn befahren (Zwickau, Reichenbach, Netzschkau, Plauen / Ob. Bhf., Weischlitz, Oelsnitz / Vogtl., Adorf, Bad Brambach, Franzensbad / Františkovy Lázně, Eger/Cheb). Stadteinwärts steht am »Tunnel«, dem Zentralhalteplatz der Straßenbahn (Postplatz), das Plauener **Bürger-Denkmal** zur Friedlichen Revolution 1989 in Kerzenform, mit dem Hinweis, dass in Plauen am 7. Oktober 1989 die erste Massendemonstration gegen das DDR-Regime stattfand, vor dem die Staatsmacht kapitulieren musste. Auch ein Autobahnschild an der A72 kündet mit der Johanniskirche und dem Schriftzug »Plauen 7.10.1989 Friedliche Revolution« vom Rang der Stadt im Städtedreieck mit Leipzig und Dresden im Herbst '89.

Plauen, Alte Elsterbrücke, urk. 1244, sechsbogig über Mühlgraben, Werder und Weiße Elster

Die Friedensbrücke mit ihrem weiten Steinbogen – ein Titan über dem Bachlauf der Syra

1122 wird **Plauen** mit *vicus Plawe* (altsorb.: *plav* = Schwemme) erstbeurkundet, ein im Mittelpunkt des vogtländischen Beckens liegender, durch Diabaskuppen (Pöhle) stark gegliederter Ort, der zum natürlichen Zentrum des Gaues Dobna (slaw.: *dob* = günstig, gut) wurde. In dieser auf die **Kirche St. Johannis** bezogenen Urkunde[63] werden die westfälischen Grafen von Everstein als Herren dieses slawischen Altsiedelgebietes an der oberen Weißen Elster genannt (Alte Burg in der Südwestecke der Altstadt, später einbezogen ins barocke **Malzhaus**). Mitgenannt wird 1122 auch eine

Blick zur Burgruine der Vögte und zum ehemaligen Amtsgericht

Johanniskirche mit Stadtwappen über dem Treppenabgang ins Mühlgraben- und einstige Weberviertel. Löwenschild und Pfauenfedernhelm sind Wappenzeichen der Vögte von Plauen.

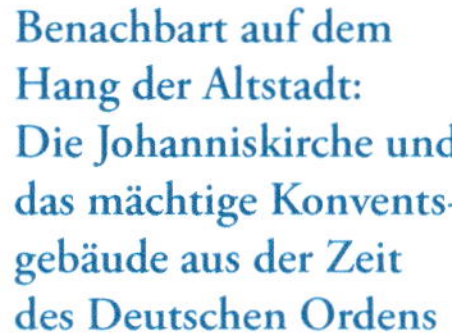

Benachbart auf dem Hang der Altstadt: Die Johanniskirche und das mächtige Konventsgebäude aus der Zeit des Deutschen Ordens

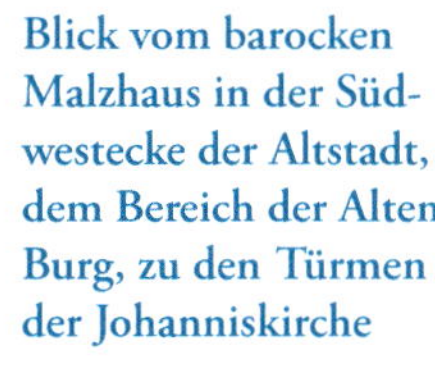

Blick vom barocken Malzhaus in der Südwestecke der Altstadt, dem Bereich der Alten Burg, zu den Türmen der Johanniskirche

Altes Rathaus, Südgiebel mit Kunstuhr, im Erdgeschoss das Spitzenmuseum

König-Albert-Brunnen (2007) am Altmarkt

Mühle an dem von der Weißen Elster abgezweigten Mühlgraben, der unter der Hangkante der städtischen Keimzelle verläuft. Auch Chrieschwitz (*Cribsiz*) findet sich 1122 mitbeurkundet, dessen slawische Bauern (Smurden) auf einer zur Ausstattung der Plauener Johanniskiche gehörenden Hufe wirtschaften und nach dem Wortlaut der Urkunde »von dem Irrtum des Heidentums noch völliger abzubringen«[64] seien.

Erster Ministerialzeuge dieser Beurkundung ist ein »*Erkenbertus de Withaa*«, mit dem sich namentlich Fluss und Stadt Weida verbinden. In Nachfolge der Eversteiner traten als kaiserliche Ministeriale die Vögte von Weida in die Geschichte des 1358 erstgenannten Vogtlandes ein, so auch in die Geschichte Plauens, dessen Vögte eine abgezweigte Linie der Weidaer Vögte waren. 1278 übertrugen die Eversteiner die Stadt Plauen und den Gau Dobna dem Vogt Heinrich I. (dem Älteren). Dessen Söhne, die früh verstarben, begründeten durch Heinrich II. (»den Böhmen«) die Linie der Vögte von Plauen (späteren Burggrafen von Meißen, ab 1426), und durch Heinrich Ruthenus (»den Russen« = Heinrich I. der Reuße) die jüngere Linie der »Vögte von Plauen zu Greiz«. Die Burg der Vögte steht als in Teilrekonstruktion befindliche **Schlossruine** (mit Rotem Turm) über dem Syratal.

Vogtlandmuseum, Nobelstraße 9/13, mit umfänglichster Sammlung zur vogtländischen Regionalgeschichte und Kultur

Bei der dem Deutschen Orden übergebenen Johanniskirche (»Kapelle der Vögte«), nach dem Stadtbrand von 1548 als spätgotische Hallenkirche wiedererrichtet, steht vom oberen und unteren Komturhof des von den Vögten geförderten Ordens noch das sanierte **Konventsgebäude** am östlichen Steilhang des Felsens. Aus der älteren Linie des Hauses Plauen stammte Heinrich IV. von Plauen, Burggraf von Meißen, der im Dienste des böhmischen Königs Ferdinand Oberstkanzler der Krone Böhmens wurde, im Schmalkaldischen Krieg auf kaiserlicher Seite stand und so 1550 nach Aussterben der Geraer Vögte das ganze Vogtland einmal und letztmalig in seiner Hand vereinigen konnte.

Der zu Anfang des 16. Jahrhunderts erneuerte **Rathaus**bau beherrscht mit seinem Südgiebel und der Kunstuhr den Markt (mit **Spitzenmuseum**). Spätestens hier ist zu erinnern, dass Plauen im Zweiten Weltkrieg die meistzerstörte sächsische Stadt gewesen ist, drei Viertel seiner Wohnbebauung lagen nach dem Großangriff britisch-amerikanischer Bomberverbände am 10. April 1945 verwüstet. Die auf Plauener Baumwollwarenhändler des ausgehenden 18. Jahrhunderts zurückgehende Häuserfront der Nobelstraße mit dem **Vogtlandmuseum** und seinem Festsaal von 1787–89 erzählt noch von der wirtschaftlichen Prosperität der Stadt, vom

Stickereigebäude von 1902 im Stadtteil Reusa

Monopol ihrer »Schleierherren« und deren goldener Zeit, die durch die Weißstickerei und die Erfindung der Tüllspitze im ausgehenden 19. Jahrhundert als weltweit gefragte »Plauener Spitze« kulminierte, auf der Weltausstellung in Paris 1900 mit dem Grand Prix bedacht. »Wie das ›neu Geschrei‹ der Entdeckung eines ergiebigen Erzvorkommens einst die Bergleute von weither ins Gebirge rief ..., so setzte nun der glückliche Stern der Plauener Spitze von nah und fern eine wahre Völkerwanderung in Bewegung.«[65] Um 1912 liefen hier ca. 16 000 Stickmaschinen, binnen zweier Jahrzehnte war Plauen auf 120 000 Einwohner angewachsen, zur viertgrößten Stadt Sachsens geworden, sie zählte 140 Millionäre.

Am Mühlgraben, dem wirtschaftlich gewichtigen Abzweig der Weißen Elster unterhalb der Altstadt, steht in Nachbarschaft zu den Weberhäusern das **Weisbachsche Haus** von 1777/78, Wohnhaus und Kattundruckerei in einem (Bleichstraße 3). Es ist die ersterbaute Kattundruckerei Plauens und eines der letzterhaltenen Manufakturgebäude in Europa, das bedeutendste Sachsens, derzeit im Umbau zum Textilzentrum Plauener Spitze bzw. Deutschen Zentrum für Spitze und Stickerei befindlich. Ein Wohn- und

Im neu gestalteten alten Weberviertel am Mühlgraben

Manufakturgebäude von 1902 im Stadtteil **Reusa** (Obstgartenweg 1) bietet noch als lebendige Museumsfabrik mit zehn Großstickmaschinen **Schaustickerei Plauener Spitze**.

1812 ist der »Sächsische Turnvater« Otto Leonhard Heubner in Plauen geboren worden, hier hat er 1833 die erste Turnanstalt gegründet, das Vogtland zur Wiege der sächsischen Turnbewegung gemacht. Der Frankfurter Nationalversammlung 1848/49 gehörte er als entschiedener Linker an, im Dresdner Maiaufstand 1849 der provisorischen Regierung, wofür er zum Tode verurteilt wurde, schließlich mit einem Jahrzehnt Festungshaft auf dem Königstein bzw. Zuchhaushaft in Waldheim büßte.

Die Syra aufwärts folgt der Plauener Stadtteil **Kauschwitz**, dessen Kapelle »Christi Himmelfahrt« 1763 in einem ehemaligen Wartturm errichtet worden ist; die Grundmauern eines solchen im Vogtland häufig anzutreffenden Bühls sollen noch erkennbar sein.[66]

Kriegsniederlage, Revolution, Weimarer Republik trieben mittelständische Textilunternehmer wie den hier völkisch-national und antisemitisch agierenden Martin Mutschmann 1922 in die NSDAP, die in »den besonders krisenanfälligen Altindustrien in der Region zwischen Plauen und Chemnitz mit ihrer starken Heimarbeiterstrutur und geringen Gewerkschaftsdichte idealen Nährboden« fand. 1925 wurde Mutschmann zum sächsischen Gauleiter der NSDAP berufen, 1933 zum Reichsstatthalter und 1935 zum Ministerpräsidenten in Sachsen. Der Gaufürst (»König Mu«) war einer der »tatkräftigsten und fanatischsten Gefolgsmänner des Führers«, wurde Anfang 1947 von Stalins Tribunal exekutiert.[67]

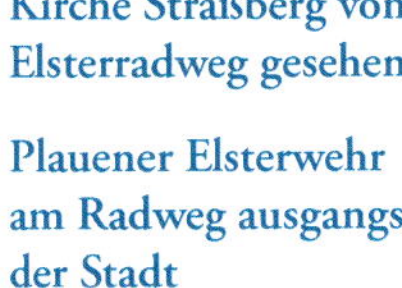

Kirche Straßberg vom Elsterradweg gesehen

Plauener Elsterwehr am Radweg ausgangs der Stadt

Die jenseitig von Weißer Elster und Mühlgraben im Mündungswinkel der Syra liegende Plauener Altstadt ist also gesondert zu erkunden, da der Radweg am jenseitigen Elsterufer an ihr vorbeiführt. Die Elstertalbahn mit **Plauen Bahnhof Mitte** an der Reichenbacher Straße (seit 2015 Plauen Unterer Bahnhof für Personenverkehr stillgelegt) zur Linken, hält sich der Radweg aus Plauen auf dem Elstersüdufer bis zur Dürerbrücke. Über sie wechselt er auf das Nordufer des Flusses und die neu ausgebaute Trasse. Sie führt am Elsterwehr und einer nicht mehr existenten Panzerhalle der VOMAG vorbei (Vogtländische Maschinenfabrik AG, 1881 für den Bau von Stickmaschinen gegründet), aus der 1943/44 die Jagdpanzer IV auf Gleisen der **Panzerbrücke** (1942) über den Fluss gelangten – ein Plauener Mahnmal des Bombenkrieges, denn der Rüstungsbetrieb ist der Altstadt zum Verhängnis geworden.

Der Radweg bleibt bis Straßberg am Fluss. Zu 1194 sind Vögte von Straßberg bezeugt, welche die Burg Voigtsberg nördlich von Oelsnitz erbauen ließen. Während diese als mächtige Anlage erhalten blieb, wird der einstige Standort ihrer hiesigen Burg im hochgelegenen Kirchengelände angenommen. Die **Kirche Straßbergs** ist ein nachreformatorischer Bau, geweiht 1576, einer der ersten evangelischen Kirchenbauten in Sachsen, mit einer Trampeli-Orgel und zweietagig eingebauten Wohnungen im massiven turmförmigen Westwerk.

In den Perlmutt-, Musik- und Bäderwinkel

An der Straßberger Kirche geht es wieder über den Fluss und auf dessen Südufer nach **Kürbitz** zu einer der ältesten **Steinbogenbrücken** Deutschlands über die Weiße Elster (urk. 1298), der heutige Bau ist barockzeitlich, auf älteren Teilen errichtet. Dort erhebt sich die **Salvatorkirche**, ein Renaissancebau von 1624–26 unter hohem Achteckturm, mächtiger Kuppel und Laterne, mit Grabdenkmälern derer von Feilitzsch, eines reichsfreien fränkischen Ministerialengeschlechts im Gefolge der Vögte von Weida. Da steht auch das ehemalige **Herrenhaus** der hier über sieben Jahrhunderte ansässigen Familie von Feilitzsch. Der massive Steinbau mit Feldsteinsockel und Fachwerkobergeschoss geht wohl auf eine turmartige Wasserburg zurück, im ehemaligen Rittergutshof steht fünfstöckig ein hölzernes **Taubenhaus.**[68] Am Kürbitzer Lindwurmpfad finden sich zudem sogenannte Griebenherde, riesige Steinschüsseln für die im Vogtland beheimatete Pechsiederei, und die Büttelei von 1789, ein örtliches Gerichtsgebäude, in dem der vom Rittergut angestellte Büttel wohnte.

An der Weißen Elster vor der Kürbitzer Steinbogenbrücke

Kürbitz, ehemaliger Gutshof mit markantem Herrenhaus und Taubenhaus und Blick zur Salvatorkirche

Am Bahnhof Kürbitz laufen die beidseitig des Flusses geführten Strecken der **Elstertalbahn** (untere Bahnlinie) und der **Vogtlandbahn** von Plauen/Oberer Bahnhof nach Bad Brambach–Cheb (Eger) zusammen. **Weischlitz**, der nächste Ort am Radweg, beiderseits der Elster liegend mit Altem Gut (Ensemble von Herrenhaus und Fachwerkscheunen) und überdachter Elsterbrücke (1990, Holzbau), wurde Zielbahnhof der 1875 eröffneten Strecke von Gera durch das Tal der Weißen Elster (Elstertalbahn). Dem Tal war der frühe Bau der sächsischen Staatsbahn Leipzig–Hof (Altenburg, Werdau, Reichenbach, Plauen) über Höhenzüge großräumig ausgewichen. Dem in Greiz 1868 gegründeten »Thüringisch-Vogtländischen Eisenbahnverein« ging es indessen um verkehrsmäßige Anbindung der aufstrebenden Industrien im Elstertal. Die Schwierigkeiten der Streckenführung und aufwendige Bauwerke wurden nicht gescheut, 30 Elsterbrücken und acht Tunnelbauten, darunter der Greizer Schlossbergtunnel und der Elsterberg-Tunnel (358 m), weisen die 62 Bahnkilometer von Gera bis Weischlitz auf.[69] Mit der von Zwickau über Plauen kommenden Vogtlandbahn geht es hier weiter nach Bad Brambach ab dem Egerer Bahnsteig. Die 1865 eröffnete Strecke der »Voigtländischen Staatseisenbahn« misst von Plauen bis Cheb 75 Bahnkilometer, ihr Bau begann mit dem symbolischen ersten Spatenstich bei Rebersreuth vor Adorf.[70]

Die Elsterbrücke am Weischlitzer Gutshof, wo auch die neue überdachte Holzbrücke (nicht im Bild) die Elster überbrückt

In Weischlitz führt der Radweg wieder auf das Westufer und verbleibt dort auf Waldboden entlang felsiger Hänge und dem großen Elsterbogen bis zur Burgruine Türbel, wo die **Elstertalbrücke** der A72 nahe Pirk den Fluss überspannt und der Triebelbach ihm einfließt. Die 1938 begonnene, 1993 fertiggestellte Quadersteinbogenbrücke ist eine der größten Steinbogenbrücken in Europas Straßenverkehr, bis zu 60 m hoch auf elf Granitpfeilern. Der Rad-

Die Elstertalbrücke der A72 nahe Pirk, eine weit und hoch gespannte Quadersteinbogenbrücke

Vor, über und hinter der Staumauer der Talsperre Pirk

weg wechselt vor Türpel über die Weiße Elster zum Bahnhof Pirk und vor der Staumauer der 1939 eingeweihten **Talsperre Pirk** wieder zurück. Gestaut wird die Weiße Elster (für Brauchwasser, Energie, Hochwasserschutz, Flusswasserführung), die Talsperre ist heute beliebte Naherholung. An ihrem Nordufer liegt auf einer Landzunge Schloss Dobeneck (heute Jugendherberge Taltitz) des gleichnamigen Rittergeschlechts, am Südufer hat sich Gemäuer der von den Vögten von Plauen angelegten Burg Stein erhalten (urk. 1327 *munitio lapis*). Der Schlussstein der Eingangstür zum denkmalgeschützten Herrenhaus Pirk unter barockem Mansarddach und Laterne weist 1753 als Baujahr aus.[71]

Weiße Elster und Schienen werden wieder überfahren und den Mühlberg hinauf folgt Magwitz. Der Radweg verläuft weiter südlich der Talsperre Pirk nach Planschwitz und auf der Talsperrenstraße zum Bahnhof **Oelsnitz**/Vogtl. Dort geht es über die Gleise der Vogtlandbahn und die Weiße Elster auf der Hofer Straße in die alte Textilstadt bzw. am Rande der Altstadt entlang auf dem Ostufer der Elster stadtauswärts.

Doch die neugotischen Kirchturmspitzen von **St. Jakobi** (urk. 1227) laden zum Kirchplatz ein und zum Markt mit spätklassizistischem **Rathaus** von 1860 und 2011 geweihtem **Sperkenbrunnen** ein. Oelsnitz ist 1281 als Flecken, größeres slawisches Dorf, beurkundet worden (*vicus Olseniz*, altsorb.: *Olesnica* = Erle), 1357 dann als Stadt, nach kurzer Herrschaft der Vögte von Plauen in wettinischer Hand. Das mit Bergrecht begabte Oelsnitz war im 16./17. Jahrhundert die bedeutendste Bergstadt im Vogtland. 1590 privilegierte Kurfürst Christian I. die Tuchmacherfamilie Schmirler mit der Flussperlfischerei an der oberen Elster und ihren Zuflüssen, dem von seinem Vater Kurfürst August 1566 erhobenen Regal folgend. »Die Oelsnitzer Pflege war die eigentliche Heimath der Elsterperlen«; zunächst bloß in der Elster heimisch, seien sie nach und nach in den Perlenbächen eingesetzt worden, zu denen hier Ebers-, Triebel-, Görnitz-, Würschnitzbach zählten.[72] Um 1619 ist der »zu den einflussreichsten Wegbereitern der deutschen Kirchenkantate« zählende Johann Rosenmüller (Gedenktafel am Aufgang zu St. Jakobi) in Oelsnitz geboren worden; vor Amtseinführung ins Leipziger Thomaskantorat floh er, der »Sodomitischen Knabenschändung« angeklagt, nach Italien.

Am nordöstlichen Stadtrand erhebt sich über dem Hainbach **Schloss Voigtsberg**, eine von den Straßberger Vögten errichtete hochmittelalterliche Höhenburg. Aus dem Besitz der Vögte von

Die Höhenburg Schloss Voigtsberg am Stadtrand von Oelsnitz/Vogtland, Ansicht vom Hainbach

Innenhof des Schlosses mit Teppichmuseum (»Was für Meißen das Porzellan ist, ist für Oelsnitz der Teppich.«)

Plauen gelangte sie im Vogtländischen Krieg 1356 unter wettinische Herrschaft und wurde als Feste und Schloss mit Bergamtssitz ausgebaut (Bergfried 13. Jh., Burgkapelle um 1400). Mit Ausnahme weniger Jahre zur Mitte des 16. Jahrhunderts, als Heinrich IV. von Plauen einmal das ganze Vogtland unter seine Herrschaft bringen konnte, war Schloss Voigtsberg über sechs Jahrhunderte der Verwaltungsmittelpunkt des südlichen Vogtlandes, im albertinischen Kursachsen des »Vogtländischen Kreises«. Die 1633 als Schloss wiederaufgebaute Burg, die als Amt Voigtsberg für ein Jahrhundert dem Sekundogenitur-Fürstentum Sachsen-Zeitz zugehörte, im 19. und frühen 20. Jahrhundert als Strafanstalt genutzt wurde, birgt heute ein namhaftes **Teppichmuseum**. Nach Anschluss der Stadt an die Vogtlandbahnstrecke Zwickau – Plauen – Eger (Cheb) 1865 war es zum Aufschwung der Weberei gekommen. Durch die Weberei von englischen Axtminster-Teppichen ab 1880 entwickelte sich Oelsnitz zur »Teppichstadt«, avancierte zum größten Produktionsstandort in Deutschland (Halbmond Teppichwerke am Bahnhof, vormals VEB Halbmond).

Der Sperkenbrunnen auf dem Oelsnitzer Markt vor dem Rathaus

St. Jakobi mit Inschrifttafeln, die an die Oktobermahnwache '89 und an den Komponisten Johann Rosenmüller erinnern

Die Weiße Elster mäandriert in der Wiesenaue zwischen Oelsnitz/Vogtl. und Adorf.

Aus der Stadt führt der Elsterradweg auf der Egerstraße zur Tanzermühle (Sägewerk), wo von Schöneck her der Görnitzbach einläuft, und weiter östlich der Weißen Elster bis Dreihöf. Dort wird der Fluss zum Bahnhof in **Unterhermsgrün**, einem der ehemaligen Waldhufendörfer, überquert. Das Mittelvogtländische Kuppenland wird hier verlassen, und es geht ins »Obere Vogtland, das aus der Gegend südlich von Oelsnitz von 450 m bis 759 m ü. NN am Kapellenberg im Elstergebirge ansteigt«[73]. Nun bleibt der Radweg (Eichigter Straße) am Westufer der Elster, die bis Adorf hin in der breiten, oft überschwemmten, als Grünland bewirtschafteten Wiesenaue reizvoll mäandriert.

An der **Alaunmühle** mündet der Elster rechtsseitig der Würschnitzbach ein, der von **Marieney** zufließt, dem schon genannten Geburtsort von Julius Mosen. Weit über ein Jahrhundert vor ihm, 1679, ist dort Adam Friedrich Zürner geboren worden (Denkmal). Damals Pfarrer in Skassa und intensiv mit Landvermessung beschäftigt, erhielt er durch August den Starken 1713 den Auftrag, für Kursachsen Landkarten anzufertigen und vermaß dafür die kursächsischen Straßen. »Zur Abmessung der Entfernungen benutzte er einen selbst konstruierten ›geometrischen‹ Wagen mit im Rad eingebauten Zählwerk.«[74] In seiner Anstellung als kurfüstlicher »Land- und Grenzkommissar« ab 1721 leitete er auch die Aufstellung der zum Teil noch heute erhaltenen Postmeilensäulen im ganzen Land. – Ab der Alaunmühle ist eine kürzere flussnahe Radwegführung links der Vogtlandbahnstrecke nach Rebersreuth geplant, wie die Radwander- und Wanderkarte Elster-Radweg (2021) anzeigt.

Hier in Untereichigt stießen die Grenzen der Bistümer Naumburg/ Zeitz, Regensburg und Bamberg aneinander. Die Streitpfarre Eichigt gehörte laut Infotafel bis ins 19. Jahrhundert zu Bayern.

Noch aber führt der Radweg über den Ebersbach nach Hundsgrün kräftig hinauf und in einer Spitzkehre (**Drei-Bistums-Ecke**) auf steinigem Waldweg über die Höhe zu Gleisen und Fluss zurück, ins steil abfallende **Rebersreuth**, eines der vielen ehemaligen Waldhufendörfer des Vogtlandes. Dort wechselt er hinüber auf das Ostufer der Weißen Elster zur **Hammermühle Leubetha** und zu dem einfließenden Eisenbach. Sie erinnern an die frühe hiesige Eisenerzverarbeitung im 1328 genannten Oberen Hammer und Unterhammer. Ein Rebersreuther Bauer soll 1566 im Fluss die erste Elsterperle gefunden haben. Hoch über der Vogtlandbahnstrecke Plauen – Cheb und der Weißen Elster führt der Radweg vom Hammerberg (513 m) nach Adorf und auf dem Mühlweg zur Stadt. Doch zwischen Schienen und Fluss verläuft der Radweg an deren Ostrand vorbei, würde man nicht die Elsterbrücke zu einem Stadtgang nutzen, zu Kirchplatz, Markt und Adorfer Tor.

Die Stadt **Adorf** ist um 1290 durch Vogt Heinrich I. von Plauen an der Handelsstraße Leipzig – Plauen – Eger gegründet worden, an der Einmündung des Schwarzbaches, der damals noch Kleine Elster (1181 *Alestra minor*) genannt wurde. Für 1328 ist eine Kommende des von den Vögten geförderten Deutschen Ordens in Adorf bezeugt. Die Türme des Rathauses und der im Jugendstil neuaufgeführten Michaeliskirche beherrschen den Markt. Das Freiberger Tor, letzterhaltenes Stadttor im Vogtland mit **Perlmutter- und Heimatmuseum** (Freiberger Straße 8), wird in einem in Ausbau befindlichen Nachbargebäude die größte Perlmuttsammlung Deutschlands (»**Erlebniswelt Perlmutter**«) beherbergen.

Adorf, Freiberger Tor, das letzterhaltene Stadttor im Vogtland mit Heimatmuseum und »Erlebniswelt Perlmutter« im Aufbau

An das kurfürstliche Privileg der Oelsnitzer Tuchmacherfamilie Schmirler zur Flussperlfischerei an der oberen Elster und deren Zuflüssen aus dem Jahre 1590 anknüpfend, ist 1854 die erste »Muschlerei« in Adorf entstanden. Durch Schleifen der Muschelschalen begann man die innere glänzende Perlmutterschicht freizulegen und bis hin zu Intarsien für Musikinstrumente zu verarbeiten, die Stadt wurde ein Zentrum der Perlmuttindustrie. Sachsens Kurfürst August hatte sich die Perlenfischerei 1567 als landesherrliches Hoheitsrecht (Regal) gesichert und an Pächter ausgegeben. Das klare Wasser der Weißen Elster ist reich an Flussperlmuscheln gewesen, noch um 1800 waren unter ihren Zuflüssen im Vogtland ein Dutzend mäandrierende Wiesenbäche durch die Perlmuschel besiedelt. Für die nahezu ausgestorbenen Bestände wurde jüngst grenzüberschreitend in dafür renaturierten Zuflüssen des Elsteroberlaufs Jungmuschel-Nachzucht ausgewildert (Projekt »**Flussperlmuschel Dreiländereck**« von Böhmen, Bayern, Sachsen, 2001). »Im beweglichen Larvenstadium nistet sich die Flussperlmuschel als Schmarotzer auf den Kiemen der Bachforelle ein und lebt von deren Blut«, ohne damit den Wirtsfisch zu gefährden, den sie nach etwa zehn Monaten verlassen. Sie graben sich ins Bachbett ein, werden nach 15 Lebensjahren geschlechtsreif und kommen auf 70 bis 100, in Einzelfällen auf über 200 Lebensjahre.[75]

Adorfer Bürgermeister war seit 1832 Carl Gottlob Todt, der ab 1835 das wegen liberaler Ansichten im ganzen Vogtland verbreitete »Adorfer Wochenblatt« herausgab. Im Mai 1849 gehörte er der Provisorischen Revolutionsregierung in Dresden an und flüchtete nach deren Scheitern in die Schweiz, wo er 1852 starb.

Aus der Stadt verläuft der Radweg zwischen Bahnlinie und Weißer Elster nach **Jugelsburg**, einer Streusiedlung, die sich zum Vogelherd auf 560 Meter Höhe hinauf zieht und auf einen Burghügel (Festes Haus) der Herren »von Jeßnitz uff der Gugelsberg« zurückgeht; dessen Reste gingen beim Bahnstreckenbau Plauen – Eger (Cheb) verloren. In Jugelsburg wurde 1890 Erwin Hartsch geboren, der vom vogtländischen Volksschullehrer zum ersten Volksbildungsminister Sachsens (1947/48) aufstieg.[76]

Die in Adorf seit den 1730er Jahren ansässige Orgelbaufamilie Trampeli (eigentlich Trampel) stellte in drei Generationen über hundert Orgeln her; die Stadt zählt zum vogtländischen Musikwinkel, dessen Herz im nahen **Markneukirchen** schlägt. In östlichem Abzweig ist entlang dem Schwarzbach in breiter Talaue das Zentrum deutschen Orchesterinstrumentenbaus zu erreichen. 1677 wurde dort die erste Instrumentenbauerinnung in Deutschland bestätigt, mit kräftiger Ausstrahlung nach Klingenthal, Erlbach, Schöneck, Adorf und Brambach. Vorausgegangen war der Zuzug böhmischer Exulanten, die vor der Rekatholisierung Böhmens nach Sachsen flohen, darunter ein Dutzend Geigenbaumeister aus dem nahen Graslitz (*Kraslice*). Heute wird in etwa 115 kleinen Betrieben des vogtländischen Musikwinkels »das gesamte Orchesterinstrumentarium hergestellt, vertrieben und fachmännisch repariert«. Die Stadt bietet Schauwerkstätten zum Saiten- und Blechblasinstrumentenbau und im »Paulus-

»Paulus-Schlössl«, Musikinstrumenten-Museum Markneukirchen, erste Adresse im vogtländischen Musikwinkel

Schlössl«, einem Kleinod des spätbarocken Wohnbaus, benannt nach einem Saitenfabrikanten, das überreiche **Musikinstrumenten-Museum**. Benachbart findet sich das **Historische (Schau-) Sägewerk**, dessen Arbeitsgänge vom Zerteilen der Baumstämme bis zum Schneiden millimeterschwachen Furnierholzes für den Instrumentenbau reichen.[77]

Ausgangs Adorf finden sich rechts der Elsterstraße, die Badstraße hinauf, am Waldbad die Miniaturschauanlage Klein-Vogtland und der Botanische Garten. Der Radweg aber bleibt zwischen Gleisen und Fluss, wechselt mal über die Elster und wieder zurück, wo der Rauner Bach einfließt. Seinen Anfang nimmt der Bach beim gleichnamigen Ort, einem charakteristischen Waldhufendorf mit denkmalgeschütztem Ortsbild. Das via Bad Brambach gelegene **Raun** weist noch die »egerländisch beeinflußten Blockhäuser des ausgehenden 18. Jh. mit reich gegliederten Fachwerkgiebeln und Giebelumgebinden (›Umschrot‹)«[78] auf, wie sie auch im unweit gelegenen **Vogtländischen Bauernmuseum Landwüst**, dem ersten Freilichtmuseum Sachsens (1968), zu sehen sind.

Bei der Mündung des Rauner Baches biegen die Bahngleise am Bahnhof Bad Elster ab, der nordöstlich vor der Kurstadt liegt; dem Staatsbad zuliebe wurde die Streckenführung der Vogtlandbahn über Mühlhausen, Sohl, Raun und Bad Brambach gewählt. Hier öffnet sich der »Bäderwinkel«, dessen Eisensäuerlinge (Bad Elster) und stark radioaktiven Mineralwasser (Bad Brambach) ihre für die hiesige Wirtschaft gewichtige Existenz einer Schwächezone der Erdkruste verdanken.[79]

Am Bahnhof Bad Elster fährt die Vogtlandbahn aus Cheb (Eger) ein.

Bad Elster liegt nach Lobesworten Altvorderer am »südwestlichen Ende des sächsischen Voigtlandes dicht an der böhmischen Grenze ... nordöstlich von Asch in einem breiten, von gewaltigen Bergen und frischen Tannen- und Fichtenwaldungen umschlossenen, äusserst reuzenden Thale, welches von NO. nach SW. der Elsterfluss in anmuthigen Krümmungen zwischen üppigen Wiesen und fruchtbaren Feldern durchströmt ... [Es] hat bis jetzt [um 1855] den Charakter ländlicher Einfachheit und Geräuschlosigkeit, der auf den Gemüthszustand der Curgäste so vortheilhaft einwirkt, beibehalten und dadurch sich einen bedeutenden Vorzug vor allen Bädern Deutschlands, namentlich auch vor Franzensbad, wo in Folge des Zusammenströmens von Fremden aller Nationen aus den höchsten Classen der Gesellschaft ein luxuriöses, die Leidenschaften erregendes und deshalb die Cur hemmendes Badeleben sich entfaltet hat, gesichert.«[80] Ein halbes Jahrhundert später versuchte der Arzt und linke Politiker Richard Schmincke, der sich 1905 hier als Badearzt niedergelassen hatte, vergeblich einer solchen Entwicklung zu wehren und Bad Elster zum Volksbad umzuwandeln; 1939 ging er in Berlin aus politischen Gründen seiner Approbation verlustig und beging Suizid.

Die Elster – Symbol der Stadt, des Flusses und des Radweges, hier auf dem Brunnen vor der Moritzquelle

Zurück auf den Radweg, wird zwischen Fluss und Bahnhofsweg nach dem Waldschlösschen mit nahem »NaturTheater« die Stadt mit ihren Villen / Hotels im späten Jugendstil erreicht. Nach Übergang über die Weiße Elster geht es auf dem Westufer am jenseitigen **Badehaus** (einst **König Albert Bad**) und an der Marienquelle mit vergoldeter Badenymphe vorbei. Am **Badeplatz** mit Kolonnaden, Quellenhallen, Wandelhalle, Café und Musikpavillon zeigt sich die Funktionalität des Bauens der 1920er Jahre. Stadtseitig liegen das ehemalige **Königliche Kurhaus** im Neorenaissancestil und das

Straßenfront des Badehauses und einstigen König Albert Bades

Königliche Albert Theater. Es folgen zur Linken der Kurpark mit dem Sächsischen Bademuseum und der Kunst-Wandelhalle mit Moritzquelle, benannt nach dem seinerzeitigen Landesherrn Herzog Moritz von Sachsen-Zeitz.

Parkanlage vor dem ehemaligen Königlichen Kurhaus

Eingangsportal des Albert Bades und Marienquelle

Der Ort Elster, eines der stark parzellierten vogtländischen Waldhufendörfer (1378 *Elstere* urk., seit 1875 Bad Elster, 1935 Stadtrecht), wurde zu einem der ältesten deutschen Moor- und Mineralheilbäder und im Jahre 1848 zum »Königlich Sächsischen Staatsbad« erhoben. Der Plauener Stadtphysikus Georg Leisner

König Albert Theater

Louisa- oder Gondelteich in Bad Elster

Unten: Die Elster fließt über gestufte Durchlässe durch den Kurpark

Unten rechts: Blick flussabwärts von der Brücke am Pegel 1 der Weißen Elster

hatte 1669 mit seinem »Kurtzen Bericht des Elster-Säuerlings« alles angestoßen, und aus den anfänglichen Trink- wurden dann im frühen 19. Jahrhundert Badekuren. Heute zählt Bad Elster – wie auch Bad Brambach – zu den Sächsischen Staatsbädern GmbH, ist ein bundesweit anerkannter Reha-Standort mit einer Handvoll Kliniken und seit 2015 mit einer Soletherme & Saunawelt.

Zur Quelle im Ascher Ländchen

Der Elsterradweg biegt im Kurort zum Rosengarten ab und führt am Westrand des Louisa-Sees zurück zum Elsterlauf. Ausgangs von Bad Elster führt der schön angelegte Radweg am Pegel 1 der Weißen Elster vorbei (mit fest installiertem Lattenpegel und Pegelschreiber im Pegelhaus), einer von etwa 200 Pegeln an sächsischen Flüssen zu Messungen von Wasserstand und Durchflüssen. Er verläuft bis ins Tschechische hinein, nach **Doubrava (Grün)**, westlich des Bachlaufes der Weißen Elster (**Bíly Halštrov**).

In Doubrava geht es unterhalb des leerstehenden **Schlosses** der ehemaligen Zedtwitzer Herrschaft über den Elsterlauf hinweg zu den Ruinen einer **Papiermühle**, wie es sie zur Verarbeitung von Leinenfetzen und Wollresten, später Altpapier, in Nordböhmen vielfältig gegeben hat. Hier in Grün sind Ende des 18. Jahrhunderts alle hölzernen Anlagen der Papiermühle durch steinerne ersetzt worden, auch die Wannen der sogenannten Papierholländer, Maschinen, welche die bisherigen Stampf- oder Pochwerke verdrängten. Hinter den mit Infotafeln erläuterten Grüner Mühlenrelikten geht es dann in weite Bergwälder hinauf. Irgendwo zur Rechten liegt ein erster **Elsteraufstau** vor Dolní Paseky (Niederreuth), der nur von **Podhradí (Neuberg)** aus, dem Ascher Bach (**Asský potok**) zur Mündung in die Elster folgend, erreichbar ist.

Ruinen der Papiermühle in Doubrava (Grün)

Verfallendes Schlösschen der Zedtwitzer Herrschaft in Grün (Doubrava)

Der von Neuberg (Podhradí) der Weißen Elster zufließende Ascher Bach, schon in Sicht der Wachturm der Burgruine Neuberg

Erhaltenes Mauerwerk des Schlosses Oberteil der Familie von Zedtwitz innerhalb einer gepflegten, mit Schrifttafeln dokumentierten Burganlage in Neuberg (Podhradí)

Bevor aber die Elster-Quelle im Gebirge angesteuert wird, sei ein westlicher Abzweig von Doubrava auf der Landstraße nach jenem **Neuberg** unbedingt empfohlen, einem Glanzpunkt des Ascher Ländchens. Noch vor Neuberg gerät links der erwähnte **Ascher Bach** ins Blickfeld. Auf hoher Felsklippe kündet ein Wachturm die **Burgruine Neuberg** an. Sie ist ältestes Bauwerk des Ascher Landes, durch das Geschlecht der »Neipperger« wohl zu Anfang des 13. Jahrhunderts zum Schutz des Handelsweges nach Sachsen angelegt, später von ihnen zu Raubstreifzügen genutzt. Nach ihrem Aussterben fiel die mehrfach zerstörte Burg mit der Herrschaft Asch um 1400 als böhmisches Lehen an das oberfränkische Geschlecht der Zedtwitzer. Von deren Schloss Oberteil stehen noch massive Mauern eines zweistöckigen Rechteckbaues, verbunden mit einem ummauerten Schlossgarten, der zur ehemaligen Kirche der Zedtwitzer Herrschaft führt. Das Gotteshaus **Zum Guten Hirten** ist die älteste evangelische Kirche im Gebiet der einstigen Monarchie Österreich-Ungarn. 1540 hat sich die Familie Zedtwitz der Reformation angeschlossen und ihre Vorgängerkirche 1682 frühbarock umbauen lassen. Seither steht die Kirche »Gutten Seelenhirtes« unverändert, namhaft geworden durch ihr gesamtes in Holz ausgeführtes Interieur, bis hin zu der mit einem Tonnengewölbe verschalten und illustrierten Bibeltexten bemalten Kirchendecke. Seit 1945, nach der Aussiedlung der deutschen Bevölkerung, ist die Kirche eine Predigtstelle der Gemeinde der Evangelischen Kirche der Böhmischen Brüder in Aš.

Neuberger Gotteshaus Zum Guten Hirten, evangelische Kirche im Ascher Ländchen

Die genannten tschechischen Orte gehören alle zur Stadt **Aš** im Elstergebirge (Halštrovské hory), in der Spitze Nordwestböhmens gelegen. Das sogenannte **Ascher Ländchen** ist im 11. Jahrhundert von bayrischen Kolonisten aufgesiedelt worden, wurde Reichslehen der Vögte von Weida (daher auch böhmisches Vogtland genannt), die es im Jahre 1331 an König Johann von Böhmen verkauften; von der böhmischen Krone wurde es als Lehen an die von Zedtwitz ausgegeben. Unter deren Herrschaft hatte es als evangelisches Gebiet fortan eine Sonderstellung im ansonsten katholisch geprägten Habsburgerreich. Das Ländchen wird auch als Ascher Zipfel bezeichnet, da es etwa 20 Kilometer in das deutsche Staatsgebiet hineinreicht: östlich liegen Bärenburg, Bad Brambach und Bad Elster, westlich Selb und Rehau. Die lange florierende Textilstadt Asch litt unter den politischen Verwerfungen, dem Ende der Monarchie Österreich-Ungarn 1918, der Sudetendeutschen Partei Konrad Henleins, der hier seit 1925 Turnlehrer war, dem Einzug reichsdeutscher Truppen im Oktober 1938 sowie nach Weltkriegsende der Vertreibung der Deutschböhmen.

Zurück auf die letzten Radkilometer, die von Doubrava (Grün) bergan kräftezehrend vor den Radfahrern liegen. Zur Elsterquelle streift der in Wäldern laufende Radweg nur die Ortslage **Horní Paseky (Oberreuth)** auf dem Gipfel in etwa 700 Meter Höhe, im Tal darunter liegt Vernéřov (Wernersreuth). Oberreuth wurde nach 1945 Grenzgebiet und entsiedelte sich, seit 1968 war es sowjetischer Militärraum – bis zur Samtrevolution 1989. Dort

Innenansicht der frühbarocken Kirche »Zum Gutten Hirten« der Zedtwitzer Herrschaft in Neuberg

hinauf säumten im Sommer 2022 Mengen geschichteter Stämme und Knüppelholz den Radweg zum Abtransport. Zur Linken von 730 Meter hohen Bergen (Vápenky und Zahor) begleitet, erreicht der Elsterradweg den Quellbereich. Ein Knüppeldamm führt zur **Quellfassung**[81], »errichtet 1898 vom Verband Vogtländischer Gebirgsvereine«, erneuert 2000/01, wo sich das Quellwasser in Rinnsalen seine Bahn im Nadelboden sucht, im Zickzack bergab. Die Elsterquelle liegt westlich vom **Kapellenberg**, der mit 759 Metern die höchste Erhebung des Elstergebirges ist, sein Aussichtsturm bietet Rundblick über das Egerbecken. Für Wanderer zur Elsterquelle ist es von deutscher Seite am kürzesten von dem am Kapellenberg gelegenen Bärendorf her, einem Ortsteil des nach 1900 als Radon-Mineralheilbad bekannt gewordenen Bad Brambach.

Bergan zur Elsterquelle

Unten: »Idylle«, Rundblick neben Rasthütte und Wegkapelle

Rechte Seite, oben:

Blick in die Andachtskapelle und Wegweiser auf der Höhe von Oberreuth

Unten: Bohlenweg zur Quellfassung

Folgeseite 114:
An der Elsterquelle

NA PÍSKÁCH
8 PLESNÁ
15 LIBÁ
2060
2062
2060
AŠ 7
VERNĚŘOV 2
2062
HRANICE 16
DOUBRAVA 7

ELSTER-QUELLE

ELSTER-QUELLE

Anmerkungen/ Literatur

1 Radwander- und Wanderkarte Elster-Radweg. Entlang der Weißen Elster von der Quelle bei Aš ... bis zur Mündung in die Saale bei Halle, Borsdorf 2021; Elsterradweg (http://www.elsterradweg.de/); Blaues Band in Sachsen-Anhalt – Die Weiße Elster (https://www.blaues-band.de/elster)

2 Münnichs Bücher sind 1845/47 in Dresden, die »... Thäler beider Mulden und ihrer Nebengewässer« von Hermann Grimm auch in Dresden 1847, die Unstrut-Führer von August Trinius 1892 in Minden und von Hermann Größler 1904 in Freyburg erschienen.

3 Neu herausgegeben und kommentiert von Marga Steiger, Jena 1979 und Leipzig-Jena-Berlin 1989/90, S. 116

4 Das heute wohl sehr seltene Buch »Die malerischen Ufer der Elster, von der Quelle bis zum Ausgang«, ein historisch-topografischer Reiseführer, lässt kein Erscheinungsjahr erkennen. Es muss aber noch vor 1859, dem Todesjahr »Sr. Hochfürstlichen Durchlaucht Heinrich XX., souveränem Fürsten Aelterer Linie Reuss« gelegen haben, denn der Greizer Verleger und Herausgeber Otto Henning hat es ihm »in tiefster Ehrfurcht und unterthänigst gewidmet«. Auf S. 56 des repräsentativen Bandes findet sich sein Vermerk: »das Werk ist von hier ab nicht weiter fortgesetzt worden«. Mitten im Satz bricht die Schilderung der seinerzeitigen Vergnügungsorte Plauens ab. Dem abgebrochenen Text folgen noch zehn Lithografien bis zum Schloss Osterstein in Gera.

5 Winfried Schmidt in seinem Beitrag, Georg Könitzer. Anmerkungen zu seinem Leben und seinem lithographischen Werk, in: Georg Könitzer. Die Malerischen Ufer der Elster, Hof 1993, S. XIII

6 Im vorgenannten Band auch Horst Fröhlich / Frank Weiß, »Die malerischen Ufer der Elster«, S. XV ff. – Der Reprint des von J. Bettenhausen in Dresden 1890 vorgelegten »Führers durch das romantische Elsterthal: besonders Gera, Berga, Greiz, Elsterberg, Plauen, Bad Elster und Umgebung« betr. vermag als Neudruck des Jahres 2015 mit dem unkommentierten Text damaliger Spaziergänge die Elster aufwärts ab Gera wenig Anregung zu bringen.

7 Etwa Ernst Paul Dörflers »Wunder der Elbe. Biografie eines Flusses« (Halle 2000) oder Gerlinde Schlenkers / Jürgen Haubners Bücher mit dem Untertitel »Porträt einer Kulturlandschaft« für »Die Saale« (München/ Berlin 1996) und für »Die Unstrut« (Halle 2002) oder der von Andreas Martin herausgegebene Band »Die Flusslandschaft Mulde. Geschichte und Wahrnehmung« (Dresden 2013). – Da ist für die Weiße Elster nur ein Bildband von Klaus Grimm anzuführen: Der Lauf der Weißen Elster. Von der Quelle bis zur Mündung, Klingenthal 2010

8 Das nördliche Vogtland um Greiz, Bd. 68, Köln, Weimar, Wien 2006; Plauen und das mittlere Vogtland, Bd. 44, Berlin 1986; Das obere Vogtland, Bd. 26, Berlin 1976. – Ferner: Der Vogtlandatlas. Regionalatlas zur Natur, Geschichte, Bevölkerung, Wirtschaft, Kultur des sächsischen Vogtlandes«, hg. von Uwe U. Jäschke u. a., Plauen 2003; sowie: Plauen 900. Von den Anfängen bis in die Gegenwart. Zum 900-jährigen Jubi-

läum der ersten urkundlichen Erwähnung Plauens, Hg. Stadt Plauen, Der Oberbürgermeister, Dresden 2021

9 Ökolöwe will Elsterbecken »zum Leben erwecken«, LVZ 29.11.2021

10 Christian Wirth, Klimawandel im Leipziger Auwald. Die Zeit drängt, in: naturnah. NABU, Auszug für Sachsen, Ausgabe 1/2022

11 In der Elster-Luppe-Aue, Sax-Führer, Hg. Zweckverband Flußauenlandschaft Leipzig nordwest, Beucha 1997, S. 15

12 Ebd., S. 23

13 Lutz Heydick, Rittergüter & Schlösser im Leipziger Land, Sax-Album, Beucha 2007, S. 61

14 Ebd., S. 62

15 Lutz Heydick, Saale abwärts zwischen Unstrut und Elbe. Landschaft, Geschichte, Kultur, Beucha / Markkleeberg, 2019, S. 57 f.

16 Das ist die Weiße Elster – Flusslandschaft des Jahres 2020 – 2023, 20.11.19 (https://www.naturfreunde.de)

17 Manfred Straube, Vom »Berggeschrey« zum »Wismut-Staat«, in: Geschichte Mitteldeutschlands. Das Begleitbuch zur Fernsehserie, hg. vom Mitteldeutschen Rundfunk, Halle 2000, S. 175

18 Ansgar Müller u. a., Schwermetalle im Gewässersystem der Weißen Elster (= Abhandlungen der SAW zu Leipzig, Mathematisch-naturwissenschaftliche Klasse, Bd. 58, Heft 6), Berlin 1998, S. 35, 93

19 Das nördliche Vogtland um Greiz (= Landschaften in Deutschland, Werte der deutschen Heimat, Bd. 68), Köln, Weimar, Wien 2006, S. 30

20 Lothar Eißmann / Frank W. Junge, Das Mitteldeutsche Seenland. Vom Wandel einer Landschaft, Der Süden, Beucha / Markkleeberg 2013, S. 15

21 Mythen der Mitte. Regionen als nationale Wertezentren, hg von Monika Gibas / Rüdiger Haufe, Weimar 2005, S. 38

22 Gerhard Billig, Pleißenland – Vogtland. Das Reich der Vögte, Untersuchungen zu Herrschaftsorganisation und Landesverfassung während des Mittelalters unter dem Aspekt der Periodisierung, Plauen 2002, S. 9

23 Vortrag Schlesingers vom 10. Juni 1945 auf Schloss Waldenburg: Deutscher Zusammenbruch und deutsche Geschichte. Ein Blick in die Vergangenheit des Schlosses Waldenburg, in: Neues Archiv für sächsische Geschichte, 66. Bd., 1995, Weimar 1996, S. 17

24 Der Leipziger Auwald – ein verkanntes Juwel der Natur, hg. von Gerd K. Müller, Leipzig, Jena, Berlin 1992; Rosemarie Fret, Leipzigs Auwald. Stille Landschaft in der Stadt, Beucha 1998

25 Eißmann / Junge, Der Süden, wie Anm. 20, S. 16, 43 ff.

26 Thomas Trajkovits, Der sächsische Landbaumeister David Schatz (1668 – 1750). Leben und Werk, Beucha 2003

27 Herbert Küas / Manfred Kobuch, Rundkapellen des Wiprecht von Groitzsch. Bauwerk und Geschichte (= Veröffentlichungen des Landesmuseums für Vorgeschichte Dresden, Bd. 15), Dresden 1977

28 Bergbau und Umsiedlungen im Mitteldeutschen Braunkohlenrevier, hg. von Andreas Berkner und Kulturstiftung Hohenmölsen, Beucha / Markkleeberg 2022, S. 146 f., 174

29 Eißmann / Junge, Der Süden, wie Anm. 20, darin »Gewässerverbund Leipziger Neuseeland« von Angela Zábojnik, S. 106 ff.

30 Bergbau und Umsiedlungen, wie Anm. 28

31 Leipzig und sein Umland. Archäologie zwischen Elster und Mulde, Stuttgart 1996

32 Heydick, Rittergüter & Schlösser, wie Anm. 13, S. 121 f.
33 Heinz-Joachim Vogt, Der jungbronzezeitliche Opferplatz von Zauschwitz, Ortsteil von Weideroda, Kr. Borna, in: F. Schlette / D. Kaufmann (Hg.): Religion und Kult in ur- und frühgeschichtlicher Zeit. Berlin 1989
34 Der Elsterfloßgraben. Geschichte und Gestalt eines technischen Denkmals, Leipzig 2005, Rückseitentext
35 Lutz Heydick, Der Landkreis Leipzig. Historischer Führer, Beucha / Markkleeberg, 2014, S. 211 f.
36 Wiprecht. Beiträge zur Geschichte des Osterlandes im Hochmittelalter, hg. vom Heimatverein des Bornaer Landes, Beucha 1998
37 Heinz-Joachim Vogt: Die Wiprechtsburg Groitzsch. Eine mittelalterliche Befestigung in Westsachsen. Veröffentlichungen des Landesmuseums für Vorgeschichte Dresden, Bd. 18, Berlin 1987
38 Bergbau und Umsiedlungen, wie Anm. 28, S. 382 ff.
39 Rudolf Drößler, Zeitz – Geschichte der Stadt im Rahmen überregionaler Ereignisse und Entwicklungen, 4 Bde., Langenweißbach 2004, 2009, 2017, 2021
40 Barocke Fürstresidenzen an Saale, Unstrut und Elster, hg. vom Museumsverbund »Die fünf Ungleichen e.V.« und dem Museum Schloss Moritzburg Zeitz, Petersberg 2007, S. 279 ff.
41 Der Elsterfloßgraben, wie Anm. 34, S. 40
42 Ansgar Müller u. a., wie Anm. 18, S. 10
43 Das nördliche Vogtland um Greiz, wie Anm. 19, S. 48
44 Architekturführer DDR. Bezirk Gera, Berlin 1981, S. 23
45 Wilfried Rettig, Die Elstertalbahn: Die Geschichte der Eisenbahn zwischen Gera, Greiz, Plauen und Weischlitz, Freiburg 2006, S. 5
46 Das nördliche Vogtland um Greiz, wie Anm. 19, S. 103
47 Gerhard Billig, Pleißenland – Vogtland, wie Anm. 22, S. 57
48 Barocke Fürstresidenzen, wie Anm. 40, S. 292
49 Ansgar Müller u. a., wie Anm. 18, S. 10
50 Das nördliche Vogtland um Greiz, wie Anm. 19, S. 105 f.
51 Rettig, Die Elstertalbahn, wie Anm. 45, S. 101 ff.
52 Das nördliche Vogtland um Greiz, wie Anm. 19, S. 341
53 Ebd., S. 71 ff.
54 Reuß älterer Linie im 19. Jahrhundert. Das widerspenstige Fürstentum? Hg. von Werner Greiling / Hagen Rüster, Jena 2013
55 Landesamt für Archäologie, Sven Ostritz (Hg.), Landkreis Greiz. Archäologischer Wanderführer Thüringen 5, Langenweißbach 2005
56 Historischer Führer. Bezirke Erfurt, Gera, Suhl, Hg. Lutz Heydick, Günther Hoppe, Jürgen John, Leipzig / Jena / Berlin 1978, S. 152 f.
57 Paul Reinhard Beierlein, Elsterberg und die »Vogtländische Schweiz«, in: Geschichtliche Wanderfahrten. Nr. 28, Dresden, 1932
58 Das nördliche Vogtland um Greiz, wie Anm. 19, S. 341
59 Beierlein, Elsterberg, wie Anm. 57, S. 21
60 Fröhlich / Weiß, »Die Malerischen Ufer der Elster«, wie Anm. 6, S. IXX
61 Das nördliche Vogtland um Greiz, wie Anm. 19, S. 1
62 Plauen und das mittlere Vogtland (= Werte unserer Heimat, Bd. 44), Berlin 1986, S. 53
63 Enno Bünz, Vom »vicus« zur »civitas Plawe«. Die Urkunde von 1122 als Schlüsselzeugnis zur Frühgeschichte des Vogtlandes und der Stadt Plauen, in: Sächsische Heimatblätter 2/2022, S. 152 ff.

64 Gerhard Billig, Die Ausprägung der vogtländischen Kulturlandschaften im mittelalterlichen Landesausbau, in: Schriften der Rudolf-Kötzschke-Gesellschaft 4, Beucha 1999, S. 14f., 21

65 Willy Erhardt, Das Glück auf der Nadelspitze. Vom Schicksalsweg der vogtländischen Stickereiindustrie, Plauen 1995, S. 115, 121

66 Historischer Führer. Bezirke Leipzig, Karl-Marx-Stadt, hg. von Lutz Heydick, Günther Hoppe, Jürgen John, Leipzig / Jena / Berlin 1981, S. 263f.

67 Mike Schmeitzner, Der Fall Mutschmann. Sachsens Gauleiter vor Stalins Tribunal, Beucha / Markkleeberg 2011

68 Wolfgang Seffner, Die Rittergüter des Vogtlandes, ihr Schicksal im 20. Jahrhundert, Plauen 2002

69 Rettig, Die Elstertalbahn, wie Anm. 45

70 Ebd., S. 79

71 Seffner, Die Rittergüter, wie Anm. 68, S. 92f.

72 Otto Henning (Hg.), Die malerischen Ufer der Elster ..., in: Georg Könitzer, wie Anm. 5, S. 37ff.

73 Das obere Vogtland (= Werte unserer Heimat, Bd. 26), Berlin 1976, S. 1, 21

74 Ebd., S. 34

75 »Perle der Natur – Schutz der Flussperlmuschel in Sachsen«, Hg. Sächsisches Landesamt für Umwelt, Landwirtschaft und Geologie, 2009

76 Mike Schmeitzner, Erwin Hartsch (1890–1948). Lehrer – Abgeordneter – Minister. Eine sächsische Karriere, Beucha / Markkleeberg 2022

77 Tim Hofmann, Weltweit! Wie Sachsen und Vogtländer Musikinstrumente bauen, Chemnitz 2014, S. 10

78 Historischer Führer, Bezirke Leipzig, Karl-Marx-Stadt, wie Anm. 65, S. 268

79 Das obere Vogtland, wie Anm. 73, S. 5

80 Henning, Die malerischen Ufer der Elster ..., in: Georg Könitzer, wie Anm. 5, S. 17ff.

81 Es ist der längere und wasserreichere Quellarm der sog. Steingrüner Quelle nördlich des namengebenden Ortes (Výhledy) und nicht der Quellarm des sog. Elsterbrunnens noch in Wernersreuther Flur, wie man zunächst angenommen und im ausgehenden 18. Jahrhundert die Quelle der Weißen Elster mit einer Holzpfostenfassung versehen hatte (nach Fröhlich / Weiß, »Die Malerischen Ufer der Elster«, wie Anm. 6, S. XVI)

Bildnachweis

Birgit und Jürgen Röhling (Markkleeberg):
S. 10o., 11, 26, 27, 28re., 39 u., 89, 114, Umschlagbilder
Archiv Sax-Verlag (Beucha): S. 6, 31 u., 35re.

Karte Flussverlauf der Weißen Elster auf S. 4:
GNU-Lizenz für freie Dokumentation (CC BY-SA 3.0)
https://commons.wikimedia.org/wiki/File:WeisseElster.svg

Alle sonstigen Aufnahmen stammen von Erika und Lutz Heydick (Beucha).

Weitere Literatur von Lutz Heydick im Sax-Verlag:

Mitteldeutsche Flüsse
Lebensadern der Landschaft

ISBN 978-3-86729-270-2, 1. Aufl. 2021, Format 14,8 x 21 cm,
Umfang 112 Seiten, rund 90 Farbfotografien, Preis 16,50 Euro

Die Menschen leben von, an und mit dem Wasser, Flüsse spiegeln Geschichte des Landes, sind die Lebensadern der Landschaft.

Mitteldeutschland ist reich davon, fast alle fließen sie un- oder mittelbar dem Elbstrom ein. Der nimmt ein ganzes Bündel von Zuflüssen aus dem Elbsandstein- und Osterzgebirge auf, in seinem mittleren Lauf dann Schwarze Elster, Vereinigte Mulde und Saale, die ihrerseits Unstrut, Schwarza, Ilm, Weiße Elster, Wipper, Bode, Flöha, Zschopau, Chemnitz mitbringen, um nur die größten unter ihren vielen Nebenflüssen und Bächen zu nennen. Ein halbes Tausend verzeichnen die Listen der mitteldeutschen Fließgewässer in den drei Ländern, ein grober Anhaltspunkt nur, denn die Äderung der Landschaft ist ungleich reicher. Von den Mittelgebirgen strömt das Wasser ins Thüringer Becken, ins Harz- und Erzgebirgsvorland, in die Goldene Aue und Riedgebiete, in Leipziger Tieflandsbucht, Elbwiesen und Börde. Flüsse gliedern die Lande, nähren die Böden, sind mehr als Frachtwege oder Brauchwasser, in Kanälen eiligst aus dem Lande zu schaffen, sondern wichtigstes Lebensgut, in den Auen zu speichern, Fließgewässer zum Verweilen, Angeln, Rudern, Schwimmen ... Die Aktion »Lebendige Elbe« hat im Jahre 2002 weithin Zeichen gesetzt.

Lutz Heydick, Radwanderführer an Saale, Mulde, Unstrut
Landschaft – Geschichte – Kultur

Saale abwärts zwischen Unstrut und Elbe

ISBN 978-3-86729-243-6, 1. Aufl. 2019, Format 14,8 x 21 cm,
Umfang 128 Seiten, ca. 190 Farbfotografien, Preis 16,50 Euro

Aus dem burgenreichen mittleren Saaletal und Saale-Unstrut-Winkel, dem auf Buntsandstein und Muschelkalk gründenden Naturpark Triasland, von Freyburg, Schulpforta, Naumburg flussab über Weißenfels, Merseburg, Halle, Wettin, Bernburg, Nienburg zum Saalhorn, ins UNESCO-»Biosphärenreservat Mittelelbe«. Die Saale ist Mitteldeutschlands zentraler Fluss.

Mulde abwärts vom Rochlitzer Berg zur Mündung

ISBN 978-3-86729-188-0, 1. Aufl. 2017, Format 14,8 x 21 cm,
Umfang 144 Seiten, ca. 190 Farbfotografien, Preis 16,50 Euro

Entlang der Zwickauer Mulde, einem der schnellsten Flüsse Mitteleuropas, flussab in die Muldeauen des nordsächsischen und anhaltischen Tieflandes, wo die Vereinigte Mulde als nahezu »unverbautes Wildwasser« mäandriert, von Kloster Wechselburg und der Muldenvereinigung ins UNESCO-Welterbe Dessau-Wörlitzer Gartenreich im Elbe-Mulde-Winkel.

Unstrut abwärts vom Eichsfeld zur Saale

ISBN 978-3-86729-261-0, 1. Aufl. 2021, Format 14,8 x 21 cm,
Umfang 128 Seiten, ca. 190 Farbfotografien, Preis 16,50 Euro

Von der Quelle im Dreiländereck mit Hessen/Niedersachsen durch das Thüringer Becken und die »Porta Thuringica« zwischen Hainleite und Schmücke in ausgedehnten Riedgebiete und zur Mündung im Freyburg-Naumburger Blütengrund. Wie das Unstruttal einst die Siedlerströme aus dem Altreich nach Osten gelenkt hat, folgen Radfahrer/Wanderer heute ihrem Weg flussab zur Saale.